M. Nuél
Das große Buch der jüdischen Witze

M. Nuél

Das große Buch der jüdischen Witze

Anaconda

Textgrundlage dieser Ausgabe sind die Bände:
M. Nuél: *Das Buch der jüdischen Witze* (5. Auflage), Berlin:
Gustav Rieckes Buchhandlung Nachfolger, o. J. (ca. 1907)
M. Nuél: *Neue Folge: Das Buch der jüdischen Witze* (2. Auflage),
Berlin: Gustav Rieckes Buchhandlung Nachfolger, o. J. (ca. 1910)
Orthografie und Interpunktion wurden den Regeln
der neuen deutschen Rechtschreibung angepasst.

Die Deutsche Nationalbibliothek verzeichnet diese Publikation
in der Deutschen Nationalbibliografie; detaillierte bibliografische
Daten sind im Internet unter http://dnb.d-nb.de abrufbar.

© 2016 Anaconda Verlag GmbH, Köln
Alle Rechte vorbehalten.
Umschlagmotiv: »Granatapfel Vektor Illustration«,
© mashuk / iStock
Umschlaggestaltung: Druckfrei. Dagmar Herrmann, Bonn
Satz und Layout: www.paque.de
Printed in Czech Republic 2016
ISBN 978-3-7306-0336-9
www.anacondaverlag.de
info@anacondaverlag.de

Inhalt

Das Buch
der
jüdischen Witze

Zum Geleit

Dies Buch erzählt jüdische Witze.

Solche, die ich als Knabe gehört von behaglich schwatzenden alten Leuten und die meine Erinnerung bewahrt hat als Köstlichkeiten der Jugend: mit all dem Lächeln, das da um strenge Lippen erschien und Stirnen glättete, die sonst von Sorgen gefaltet waren, und in großen, ernsthaften Augen aufleuchtete wie ein Schimmer von Fröhlichkeit.

Ich sehe sie an winterlichen Sabbatnachmittagen in dämmerigen Stuben sitzen; es riecht nach Salzheringen, die die Hausfrau bereitet hat und nach rohem Sauerkraut, frisch aus dem Keller heraufgeholt und als besondere Letzung willkommenen Feiertagsgästen geboten. Und die Alten sprechen und streichen ihre Bärte, und immer wieder höre ich sie sagen: »Diese Geschichte hat gepflegt zu erzählen mein gottseliger Großvater, wenn die Rede ist gekommen auf dies und das oder auf den und jenen …«

So sind es denn zum Teil uralte Worte, die hier wiedergegeben werden, Worte, die vielleicht vor Jahrhunderten in den engen Judengassen deutscher, polnischer, böhmischer und ungarischer Städte entstanden, mit den Wandernden in die Welt zogen und heute noch hüben und drüben, an der Weichsel wie am Rhein, an der Spree wie an der Donau, an der Moldau wie an der Themse gern vorgetragen und gern gehört werden.

Dies Buch erzählt jüdische Witze.

Solche auch, die ich in späteren Jahren da und dort gehört von christlichen und jüdischen Leuten, die das rechte Gefühl dafür hatten, was dem jüdischen Witz den eigentümlichen Charakter gibt, wie es Fritz Reuter wusste, als er (in »Ut mine Stromtid«) des alten Moses übel geratenen Sohn David die Worte sagen lässt: »Gott, du Gerechter! Hab ich doch immer gesagt: Dieser Christus ist doch gewesen ein großer Mann! Was hat er nicht gebracht in die Welt für'n Geschäft zu Weihnachten!«

Das kecke und lustige Spiel mit Worten, Silben und Buchstaben möchte ich dem, was man »jüdischen Witz« nennt, nicht zurechnen, wenn es auch gerade von jüdischen Leuten gern geübt wird und einige von ihnen in der Kunst solcher Erheiterungen und Vergnüglichkeiten Meister geworden sind. Wo es freilich an Jüdisches rührt – wie etwa in der Geschichte von dem Bankier Goldberger, der, von seinem einer Anleihe bedürftigen Fürsten als »Herr Geldborger« begrüßt, die Antwort gibt: »Wenn Hoheit nichts zu versetzen haben als Buchstaben, wird aus dem Geschäft kaum was werden« – wo es jüdisches Denken und Empfinden wiedergibt, weise ich es indes keineswegs von der Hand.

Was mir als echter »jüdischer Witz« gilt, das hat seine Hülle nicht in den Zufälligkeiten der Sprache, in doppeldeutigen Worten und Redensarten – er quillt vielmehr aus dem jüdischen Denken und Empfinden heraus, und es ist eigentlich nicht so sehr das Witzwort, das uns überrascht und belustigt, als die – ich möchte sagen – jähe und drollige Enthüllung einer Menschenseele.

Einer Menschenseele mit ihrem Guten und mit ihrem Bösen, mit dem Süßen, das in ihr ist, und all den Bitterkeiten, die in ihr schlummern. Der jüdische Witz offenbart den jüdischen Charakter, dessen Schwächen er zum Gegenstande seines Spottes macht. Aber man vergesse nicht, dass es immer die Juden selbst sind, die hier ihre Eitelkeiten züchtigen.

Ich habe mich bemüht, die kleinen Geschichten so wiederzugeben, wie sie mir erzählt wurden, und ich zweifle nicht, dass hier und dort Leute sind, die zu mancher dieser Anekdoten ein treffenderes Endwort, eine schärfere Fassung kennen. Diese und jene sind freundlichst gebeten, mir von ihrer Wissenschaft Mitteilung zu machen. Ich werde dann bei nächster Gelegenheit das Bessere an die Stelle des minder Guten setzen und – vielleicht in einem zweiten Bändchen – alles bringen, was mir an charakteristischen jüdischen Witzen, die da und dort, in Städten und Dörfern, im Schwange, mir aber unbekannt sind, zugehen sollte.

Und noch eine Bemerkung sei mir gestattet: Ein anderes ist es, bei guter Gelegenheit in angeregter und anregender Gesellschaft einen Witz zu erzählen, ein anderes, ihn schriftlich aufzuzeichnen. Dort ergänzen und erklären ihn Ton und Gebärde des Sprechenden so sehr, dass er fast in Stichworten wiedergegeben werden darf, hier aber muss ein leiser Kommentar sich einfügen, der die Anekdote zuweilen zu einem kleinen Kultur- oder Charakterbildchen ausgestaltet. Ist dies ein Kunstfehler, dann muss ich mich wohl zu ihm bekennen.

Berlin, im Juni 1907.

M. Nuél.

Von großen
und kleinen Rabbis

Am Sabbatnachmittag nach dem Vespergebet sitzt der weise Rabbi von Sandez mit seinen Getreuen – dem Gebot der chassidischen Lehre folgend, die fröhliche Geselligkeit unter den Frommen vorschreibt – beim Festmahl in einer Vorhalle der Synagoge. Viel zu essen und zu trinken gibt es freilich nicht, indes die Teller mit den Honigkuchenschnitten und die Fläschchen mit dem hellen Kornbranntwein machen die Runde und stimmen die Gemüter zur Heiterkeit. Wenn der Rabbi, vor dem eine Flasche alten Ungarweins steht, nicht gerade über eine jener tiefsinnigen Fragen doziert, deren sein Geist voll ist, fliegen allerlei lustige Geschichten hin und her, Neckworte und boshafte Anspielungen auf den Nachbarn. Plötzlich verstummen Lärm und Stimmengesurr. Man hat bemerkt, dass der Rabbi mit großen, weit geöffneten Augen wie in unermessliche Fernen hineinstarrt und seiner Umgebung nicht mehr achtet. Jeder fühlt, dass der weise Rabbi wieder einmal eine Vision hat, und wartet in tiefstem Schweigen auf die Offenbarung des Wunderbaren.

Und richtig! Nach einer Weile löst sich die seltsame Verzückung des Rabbis, und er lässt unter Wehklagen sein Haupt auf die über den Tisch gelegten Arme sinken.

Die Männer springen auf, eilen zu ihm und bestürmen ihn mit Fragen, welch schreckliches Gesicht er gehabt habe, dass er jetzt noch davon erschüttert sei?

Der Rabbi hebt den tränenschweren Blick, und indem er ihn wieder in eine unermessliche Ferne richtet, spricht er:

»Ich hab gesehn ... bis nach Sadagora hab ich gesehn, wo der Größte von den großen Rabbis wohnt ... Und ich hab gesehn, wie der Größte von den großen Rabbis jetzt ... in diesem selben Augenblick, ist runtergefallen von seinem Platz als ein Toter. Und wie seine Seele ist raufgeflogen zu Gott ...«

Nach einer Weile wortlosen Staunens darüber, dass der Rabbi allein dank seiner geistigen Kraft einen Vorgang miterlebt, der sich hundert Meilen von Sandez abgespielt, beginnt die Gemeinde zu jammern und die Totengebete zu sprechen. Viele von den Männern zerreißen ihre Kleider, und am Abend desselben Sabbats fängt die allgemeine Trauer an für das fern in der Bukowina erloschene Licht in Israel.

Zwei Wochen vergehen und drei – in Sandez trauert man immer noch um den großen Rabbi von Sadagora – als ein Mann aus Sandez, der sich in Geschäften nach Czernowitz begeben hat, auf seiner Reise einen Glaubensgenossen aus Sadagora trifft.

Sogleich spricht er ihm seine Teilnahme über den Tod des großen Rabbis aus und erzählt ihm das Wunder, das sich in Sandez ereignet: wie sein Rabbi während des Festmahls alles mitangesehn, was in Sadagora geschehen war.

Erstaunt hat der andere zugehört. Endlich sagt er:

»Geht mir doch, Ihr Spaßvogel, Ihr Marschalik! … Entweder Ihr foppt mich, oder Euer Rabbi hat Euch gefoppt … Unser großer Rabbi – hundertzwanzig Jahr soll er alt werden! – lebt und ist gesund … Er ist ja gar nicht gestorben …«

»Was?«, schreit der Sandezer. »Ist nisch tot? … Ist nisch gestorben? … Irrt Ihr Euch auch nicht?«

»Soll ich so leben und gesund sein, wie ich ihn erst gestern gesehen hab … frisch und munter …«

»Is nisch gestorben? … Is nisch tot? …«, wiederholt der Sandezer fassungslos. Dann aber verklären sich seine Mienen, und er ruft mit andächtiger Bewunderung:

»Aber der Kuck von unserem Rabbi … bis nach Sadagora runter!«

— ❧ —

Wieder einmal nach dem Vespergebet am Sabbatnachmittag sitzen die Frommen um ihren weisen Rabbi beim Festmahl. Wieder versinkt er in tiefes Sinnen. Als die Männer dessen gewahr werden, hören sie mit ihren Debatten und Disputen auf und harren des Augenblicks, da der heilige Mann aus seinem Nachdenken erwachen werde.

Da dies aber nicht eintritt, berührt der Älteste der Gemeinde die Schulter des Rabbi, und als dieser auffährt, fragt er ihn, was seine Gedanken so sehr beschäftigt habe.

Da hebt der große Mann seinen versonnenen Blick und spricht:

»Das Leben ... das Leben ist wie eine Kettenbrück' ...«

Darauf verfällt er wiederum in Schweigen.

»Was hat er gesagt? ... Was hat er gesagt?«, flüstern die Männer, und nachdem sie sich das Wort ehrfurchtsvoll zugeraunt haben, beginnen sie, es eifrig und mit Leidenschaft zu besprechen. Und so groß ist ihr Eifer bei der Auslegung des seltsamen Ausspruchs, dass die Geister aufeinanderplatzen und schließlich auch die Fäuste in den Streit eingreifen. Eine Einigung über den Sinn des rätselhaften Wortes ist nicht zu erzielen, und sie einigen sich endlich dahin, den immer noch vor sich hinsinnenden Rabbi zu fragen, was er gemeint habe.

»Rabbi«, sagen sie. »Du siehst, wir haben dich nicht erfasst. Gib du uns den Sinn, sag du uns die Bedeutung. Wieso ist das Leben wie eine Kettenbrück?«

Da hebt der große Rabbi wiederum den versonnenen Blick und spricht:

»Weiß ich?«

Wunderrabbis gibt es, die keinen festen Wohnsitz haben, sondern mit ihrem Gefolge, das gewöhnlich aus einer Art Impressario, »Gabbe« genannt, der die Spenden der Frommen in Empfang nimmt und für »Reklame« sorgt, und einem oder mehreren Dienern besteht, mit seinem Wägelchen von Ort zu Ort zieht, um da und dort »Sprechstunden« für seine Gläubigen abzuhalten. Gewöhnlich hat sich der Rabbi über die Verhältnisse des Städtchens und seiner Bewohner vorher unterrichten lassen und überrascht deshalb oft genug durch seine Kenntnis der Leute und ihrer Sorgen.

Wenn sie dann zu ihm kommen, weiß er ihnen gleich zu sagen, wer sie sind und was sie bedrückt; dafür sorgen schon die Diener, die zumeist ausgezeichnete Kundschafter sind.

Einige Tage vor dem Einzug des Rabbi pflegt der Gabbe einzutreffen, um für den heiligen Mann Quartier zu besorgen, und er benutzt diese Gelegenheit, um von den Taten seines Meisters Wunderdinge zu erzählen.

»Da sind wir«, so erzählte ein solcher Mann seinen Zuhörern im Wirtshause. »Da sind wir einmal in eine alte Stadt gekommen, und wie wir durch das Tor einfahren in den Ort, stehen da Gassenjungen, die machen unserm Rabbi lange Nasen, stecken die

Zungen raus, und laufen dem Wägelchen nach und schreien: ›Jud! Jud!‹ Da sag ich zum Rabbi: ›Rabbi! Wie könnt Ihr Euch lassen so verhöhnen? Sagt ein Beschwörungswort, dass das Tor von der Stadt soll sogleich einstürzen und die Taugenichtse erschlagen!‹ – Und was tut unser großer Rabbi? Er sieht mich strafend an und schreit: ›Nein, das Tor soll nicht einstürzen!‹ Und was soll ich sagen? Das Wunder ist geschehn! … Es ist wirklich nicht eingestürzt …«

Bei dieser Gelegenheit erzählte ein Zuhörer von der Wundertat eines andern Rabbis, den ein heftiges Gewitter auf der Landstraße überrascht hatte.

»Aber was tut Gott? Wie der Rabbi hat gesprochen ein Zauberwort, da hat's geregnet und gehagelt und geblitzt links, und es hat geregnet und gehagelt und geblitzt rechts, und wo der Rabbi ist gefahren, hat geschienen die Sonn', und der Himmel ist gewesen blau, und der Rabbi ist geblieben ganz trocken …«

»Nu«, sagt der Gabbe, für den es natürlich einen größeren Wundermann nicht geben darf als seinen Meister. »Nu, wenn das schon was ist, dann hat mein Rabbi noch ganz andere Sachen gemacht. Einmal sind wir am Freitagabend gefahren, und die Sonn' hat angefangen unterzugehn, und der Sabbat ist angebrochen, wo niemand mehr fahren darf, und am wenigsten ein solcher Gottesmann. Und die Stadt, wo wir haben den Sabbat feiern sollen, war noch weit. Was hat Gott da getan? Links vom Rabbi war Sabbat, rechts vom Rabbi war Sabbat, und wo der Rabbi ist gefahren auf sein Wägelchen ist noch nicht gewesen Sabbat ...«

———

Zu den Bewohnern des Städtchens, in das der Wunderrabbi eingezogen war, gehörte ein böser Zweifler und Spötter, der den heiligen Mann gründlich hereinlegen wollte. Er geht zu ihm und bittet ihn um Heilung und Trost.

»Ich leide«, sagt er, »an zweierlei. Ich hab einen großen Fehler, denn ich kann nicht sagen die Wahrheit, Rabbi, und das schmerzt mein Gemüt. Und ich kann nicht schmecken mit der Zunge und hab keinen Geschmack in meinem Mund.«

Der Rabbi betrachtet den Mann und meint:

»Komm morgen, denn der Fall ist schwierig, und ich muss nachdenken. Aber wenn Gott will, werd ich dir helfen.«

Als der Patient am nächsten Tage erscheint, nimmt der Rabbi eine Pille, die er angefertigt hat, lässt den an der doppelten Krankheit Leidenden den Mund öffnen und schiebt ihm das ansehnliche Kügelchen hinein. Kaum hat der Mann die Pille zerbissen, als er mit der Miene des tiefsten Ekels das Medikament ausspuckt und wütend ausruft:

»Was soll das heißen? Das ist ja Pech, Schwefel und Petroleum, was Ihr mir habt gegeben. Giftmischer! Hilfe! Pfui! Pfui!«

»Nu, was schreist du?«, lacht der Rabbi. »Hat doch Gott schon das Wunder getan! Denn du hast erstens die Wahrheit gesagt, es ist wirklich Pech, Schwefel und Petroleum ... und zweitens hast du schon den rechten Geschmack auf der Zunge ...«

———

Zu dem Wunderrabbi kommt ein Mann, den das Gewissen drückt.

»Was hast du für eine Frage?«, spricht ihn der Rabbi an, indem er von dem mächtigen Folianten aufblickt.

»Darf ich«, nimmt der Mann das Wort, »darf ich am heiligen Sabbat – gelobt sei der Herr, der ihn schuf! – darf ich am Sabbat totknicken einen Floh?«

Der Rabbi versinkt in tiefes Sinnen.

»Nun«, meint er dann. »Du darfst ruhig sein. Einen Floh darfst du knicken am heiligen Sabbat.«

»Und es ist wirklich keine Sünde, Rabbi?«

»Nein, es ist keine Sünde, einen Floh am heiligen Sabbat zu töten ... Bedrückt dich noch etwas?«

»Ja. Ich möchte wissen, ob ich auch darf am heiligen Sabbat – ob ich darf totknicken auch eine Laus?«

Der Rabbi versinkt wiederum in tiefes Sinnen. Dann spricht er:

»Nun … das ist so: Eine Laus darfst du nicht knicken am heiligen Sabbat.«

Der Mann verfärbt sich und schweigt; steht betroffen da und meint endlich zaghaft:

»Rabbi, sagt mir doch noch eins. Warum ist das eine keine Sünde und das andere eine Sünde? Warum darf ich totknicken am heiligen Sabbat einen Floh? Und warum darf ich nicht totknicken eine Laus?«

»Darum«, erwidert der weise Rabbi. »Darum: Du darfst totknicken einen Floh, weil dir ein Floh kann wegspringen am heiligen Sabbat … Aber eine Laus darfste nicht totknicken, denn die bleibt dir doch … «

In Ungarn ist ein Städtchen Neutra, dessen jüdische Bewohner wie die andern auch in früheren Tagen – wie es jetzt ist, vermag ich nicht zu sagen – als Spitzbuben verrufen waren. Wenn man von diesem gesegneten Orte sprach, pflegte man hinzuzusetzen, er sei dadurch merkwürdig, dass die Leute des Nachts nicht schliefen; und auf die Frage, wie das kommen möge, erhielt man die Antwort: »Weil sie da stehlen gehn.«

Aber wenn sie auch in solch bösem Rufe standen, so verschlug es ihnen doch nichts, wenn ihr Rabbi in seinen Sabbatpredigten der Gemeinde die Wahrheit in kräftigen Worten sagte. Gerade das war ihnen recht, meinte man in den Nachbarstädten: Denn vielleicht brachte er dadurch den einen oder andern von seinen Spitzbübereien ab und zur Ehrlichkeit zurück, und dann war der Wettbewerb gleich geringer …

Einst befand sich ein Rabbi aus Böhmen auf der Durchreise in Neutra. Es war gegen Abend, als er ankam, und da die Fahrt, die er sogleich fortsetzen sollte, die ganze Nacht dauern und durch Wälder und ödes Land führen sollte, so ging er zu seinem Amtsgenossen, um diesem sein Geld und seine sonstigen Kostbarkeiten zur Aufbewahrung zu übergeben.

Der Rabbi von Neutra lobte die Vorsicht seines Kollegen außerordentlich, lehnte es aber ab, das Säckchen mit den Wertsachen zu übernehmen – es sei denn vor Zeugen. Damit war der böhmische Rabbiner einverstanden, und so wurden die Vorsteher der Gemeinde und einige andere Männer herbeigerufen und in deren Gegenwart die Dukaten gezählt und in der Kommode verwahrt.

Acht Tage später kam der böhmische Rabbi auf seiner Rückreise nach Neutra und eilte zu seinem Amtsbruder, um das Geldsäckchen wieder in Empfang zu nehmen. Aber wie erstaunte er, als der würdige Herr ihm eröffnete, dass er weder von dem Geld etwas wisse, noch sich erinnere, irgendetwas in Verwahrung genommen zu haben.

Empört über solche Unredlichkeit, rief der Böhme:

»Glücklicherweise hast du selbst gewollt, dass bei der Übernahme des Säckchens mit meinem Vermögen Zeugen anwesend sein sollten. Du hast ja selber die Gemeindevorsteher und einige Männer dazu rufen lassen.«

»Nun«, meinte der Rabbi von Neutra. »So wollen wir hören, was diese Zeugen, von denen ich auch nichts weiß, aussagen können.«

Sie wurden wieder herbeigeholt, und als sie vollzählig versammelt waren, stellte der fremde Rabbi die notwendigen Fragen. Aber siehe da! Weder die Vorsteher noch die anderen Männer wollten sich des Vorfalls auch nur im Entferntesten erinnern und leugneten, jemals als Zeugen in dieser Sache gedient zu haben. Fassungslos starrte der Böhme ihnen nach, als sie die Wohnung des Rabbis verließen, ebenso fassungslos sah er seinen Amtsbruder an, als dieser jetzt die Kommode aufschloss, das Säckchen mit den Dukaten hervorholte und es lächelnd dem Fremden aushändigte.

»Was soll das?«, rief der im höchsten Grade verwundert und überrascht. »Warum hast du da erst meine Zeugen kommen und die Unwahrheit aussagen lassen, Rabbi?«

Und der:

»Mein lieber Freund, ich hab dir nur zeigen wollen, was für eine Gemeinde ich hab!«

Eines Sabbats stand derselbe Rabbi während des Gottesdienstes in der Synagoge vor der heiligen Lade, um die Thorarolle herauszunehmen. Er bemühte sich, die Tür der Lade zu öffnen, aber umsonst: Sie ging nicht auf, und der Schlüssel fehlte. Da wandte er sich um und sprach zu den Andächtigen:

»Hat vielleicht einer der geehrten Herren Gemeindemitglieder zufällig seine Dietriche bei sich?«

Am Vorabend des Versöhnungstages sind die Neutraer natürlich in der Synagoge und verrichten, wie's herkömmlich ist, unter Schreien und Jammern in tiefster, weltentrückter Andacht ihre Gebete.

Da bemerkt der Rabbi, dass der neben ihm stehende Vorsteher plötzlich unruhig wird und sich verfärbt.

»Nu, was ist dir?«, flüstert er ihm zu. »Was hast du?«

»Was soll ich haben? Ein Unglück! Ein Unglück! Wie ich bin weggegangen von zu Haus, hab ich vergessen, die Kasse abzuschließen, Rabbi! Und wenn jetzt jemand hinkommt – – –«

»Hab nur keine Angst«, erwidert der Rabbi. »Sie sind doch alle hier …«

Als der Rabbi tot war, der nach ihrem Herzen gewesen, trotzdem er ihren Spitzbübereien gegenüber nichts weniger als nachsichtig war, suchten sie einen neuen, und es kamen manche, die ihnen vorpredigten. Aber sie gefielen einander nicht: der Kandidat ihnen nicht und sie nicht dem Kandidaten.

Endlich schien der Richtige eingetroffen zu sein, ein Mann wie geschaffen für Neutra, denn er wusste die Leute zu nehmen, wie sie waren.

Diesem Rabbi war nämlich gleich nach seiner Ankunft im Städtchen der Koffer erbrochen und etliches von dessen Inhalt gestohlen worden. Das war am Freitagabend gewesen, und selbst wenn er gewollt hätte, wäre es ihm nicht möglich gewesen, den Ort zu verlassen, da der Sabbat bereits angebrochen war.

Am nächsten Tage stand er auf der Kanzel, wobei es auffiel, dass er, der doch klein von Wuchs war, außergewöhnlich groß erschien. Er begann seine Predigt mit den Worten:

»Meine andächtigen Zuhörer! Ihr wundert euch gewiss, dass ich kleiner Mensch euch so groß erscheine. Aber die Sache ist die: Wenn ich woanders predige, so stelle ich mich bei meinen Ausführungen auf ein Wort der heiligen Schrift. Bei euch in Neutra muss ich mich aber auf meinen Koffer stellen …«

In kleinen polnischen Ortschaften wird der Rabbi von streitenden Parteien häufig als Schiedsrichter angerufen, und auch bei ehelichen Zwistigkeiten hat er die Entscheidung zu fällen.

So kommt zu einem ein Ehepaar, und der Mann trägt folgenden Fall vor: Er habe am Morgen beim Schlächter zwei Pfund Fleisch gekauft und seiner Frau nach Hause gebracht; sie sollte davon ein Mittagsmahl zubereiten. Dann sei er seinen Geschäften nachgegangen. Nach Hause zurückgekehrt, habe er kein Essen vorgefunden und die Frau in Tränen. Sie habe gesagt, die Katze wäre über die zwei Pfund Fleisch gekommen und habe sie völlig aufgefressen. Er aber glaube das nicht, und er misstraue seinem Weibe, das nicht nur genäschig sei, sondern auch andere Untugenden habe.

»Und doch hat die Katz die zwei Pfund Fleisch gefressen!«, rief die Frau. »So wahr ich hier steh', hat sie sie gefressen! Es ist noch keine halbe Stunde her, dass sie das Fleisch gefressen hat!«

Der Rabbi sagt zur Frau: »Bring mir die Katz!«

Dann, nachdem sie sich entfernt hat, zum Manne: »Geh zum Kaufmann und bring mir eine Waage!«

Beides ist bald zur Stelle; der Rabbi tut die Katze in die Waagschale und findet, dass sie genau zwei Pfund wiegt.

»Da sind also die zwei Pfund Fleisch«, donnert er die Frau an. »Wo ist aber jetzt die Katz'?«

Für Fragen des Ritus ist so ein kleiner Rabbi die entscheidende Instanz. Wenn im Magen einer geschlachteten Gans ein Nagel gefunden wird, der die Magenwand verletzt hat, dann bestimmt er mithilfe seiner Talmudbände, ob es erlaubt ist, das Tier zu essen oder nicht usw. Solche und ähnliche Fragen treten sehr häufig an ihn heran, und wenn er sein Geschäft versteht und seine Autorität vor den einfältigen Frauen erhalten will – denn mit dieser Art Fragen kommen zumeist Frauen zu ihm – dann fällt er seinen Spruch nicht aus dem Stegreif (das wäre keine besondere Kunst), sondern er lässt sich Zeit und blättert bald in diesem, bald in jenem Talmudfolianten, bis er die Meinung der alten Weisen in Israel über den vorliegenden Spezialfall ergründet hat. Denn »in die Bücher« steht eben alles, aber nur der wahrhaft Weise vermag es auch zu finden.

Zu solch einem kleinen Dorfrabbi kommt eines Tages, kurz vor den hohen Festen, ein Weiblein, um sich in folgender Sache Rats zu holen: Sie besitzt einen Hahn und eine Henne und möchte eins davon schlachten lassen, um ihrem Manne ein würdiges

Festmahl zu bereiten; sie weiß aber nicht, welches der beiden Tiere, die ihr gleich lieb seien, sie opfern dürfe. Denn, meint sie traurig, »schlacht ich den Hahn, so kränkt sich die Henn', und schlacht ich die Henn', so kränkt sich der Hahn.«

Der Fall liegt schwierig, und der Rabbi bestellt das Weiblein für den nächsten Tag; er müsse erst studieren »in die Bücher«. Als sie zur bestimmten Stunde wieder erscheint, lässt er sich die Sache noch einmal vortragen und sagt dann:

»Du kannst schlachten die Henn' … So steht geschrieben in die Bücher.«

»Weh!«, jammert die Frau. »Wird sich doch kränken der Hahn …«

Darauf der Rabbi:

»Nu, wein' nicht … werd ich noch einmal nachsehn in die Bücher. Komm morgen.«

Tags darauf empfängt er sie mit den Worten:

»Ich hab wieder nachgesehen in die Bücher … Du kannst schlachten den Hahn und leben lassen die Henn' …«

Die Frau beginnt bitterlich zu weinen.

»O weh … o weh … wird sich doch wieder kränken die Henn' …«

»Nu«, sagt der Rabbi, »soll sie sich kränken!«

Ein Rabbi ergeht sich mit seinen Schülern im Freien und lehrt sie, wie der Weise kraft seines Denkens alles Ungemach im Leben besiege.

Während er spricht, kommt aus einem Hause ein großer Hund hervorgestürmt und rennt unter lautem Kläffen und Bellen auf die Schar los.

Der Rabbi hebt seinen Kaftan in die Höhe und läuft, was er laufen kann, dem Walde zu; ihm nach folgen die Schüler.

Als sie in Sicherheit sind und wieder zu Atem gekommen, sagt einer der Jünglinge vorwurfsvoll zu seinem Lehrer:

»Rabbi, warum seid Ihr gelaufen, als wenn der Todesengel hinter euch her wäre? Ihr wisst doch kraft eurer Weisheit, dass ein Hund, der bellen tut, nicht beißt.«

»Gut«, erwidert der weise Rabbi. »Das weiß ich – aber weiß es auch der Hund?«

***

Der Rabbi eines Posenschen Städtchens ist als Sachverständiger vor Gericht geladen. Es handelt sich um ein Gutachten über den Wert eines Schofars, das einer kleinen Dorfgemeinde gestohlen worden war. Der Dieb ist ermittelt worden, das Schofar indes konnte nicht aufgefunden werden. Es blieb verschwunden.

Bei der Verhandlung stellt es sich heraus, dass der Assessor, der erst vor Kurzem in diese Gegend versetzt worden war, keine Ahnung davon hat, was ein Schofar ist: jenes Widderhorn, aus dem am jüdischen Neujahrstage zur Erinnerung an das Gericht Gottes einige Töne geblasen werden. Er hat weder jemals von solch einem Instrument gehört noch es jemals gesehn.

»Herr Rabbiner«, sagt er. »Zunächst das eine: Was ist denn ein Schofar? Die Geschädigten haben mir das bisher nicht klar machen können.«

»Das lässt sich nicht so leicht sagen, Herr Richter«, meint der Rabbi verlegen. »Ein Schofar ... das ist eben ... ein Schofar.«

»Das nützt mir gar nichts. Nach dieser Erklärung kann ich den verursachten Schaden nicht feststellen. Geben Sie mir doch wenigstens einen ungefähren Begriff von so einem Schofar«, meint der Assessor etwas ungeduldig. »Sonst kommen wir nicht weiter!«

»Also schön«, spricht der Rabbi. »Es ist so: Man bläst damit ... Und in der Bibel steht geschrieben, dass die Israeliten die Schofars so geblasen haben, dass die Mauern von Jericho sind eingestürzt ...«

»Ach so!«, ergänzt der Richter, froh über die Auskunft. »Ich verstehe, eine Art Trompete ... Nicht wahr?«

»Nu ja, wenn Sie wollen, Herr Richter, eine Trompet' ...«

»Schön! Wir wollen die Sache demnach so fassen: Der Angeklagte hat sich widerrechtlich in den Besitz einer Trompete gesetzt ...«

Aber der Rabbi unterbricht ihn:

»Erlauben Sie, Herr Richter ... is es denn eine Trompet'?«

Zum Bezirkshauptmann, der die politische Kreisbehörde vertritt, wird der Rabbiner einer kleinen böhmischen Judengemeinde berufen. Es ist von einem getauften Israeliten des Ortes die Beschwerde eingelaufen, dass unter den Gebeten, die an jedem Sabbat in der Synagoge vorgetragen werden, sich auch eines befinde, in dem Gott angefleht wird, alle Heiden, Christen und sonstige Nichtjuden von der Erde zu vertilgen. Der Rabbiner muss das bestätigen.

»Dann kann ich Ihnen nicht helfen, Herr Rabbiner«, meint der Bezirkshauptmann. »Sie müssen dafür sorgen, dass diese Gebetstelle fortan bei Ihrem Gottesdienst wegbleibt. Es geht doch nicht an, dass Sie eine solche Verwünschung gegen uns sagen lassen.«

Der Rabbiner, ein alter Herr, lächelt wehmütig.

»Nu«, meint er. »'s ist wirklich nicht schön ... Aber Sie können uns das Gebet immerhin ruhig

31

weitersagen lassen, Herr Bezirkshauptmann … Ganz ruhig …«

»Ja, warum denn?«

»Sehn Sie, Herr Bezirkshauptmann … Wir beten das doch schon über tausend Jahre … weit über tausend Jahre … sehn Sie … und es hat bis heute nichts genützt …«

Zum Rabbiner einer deutschen Gemeinde kommt ein Mann, um bei ihm die Trauerpredigt für seine verstorbene Frau zu bestellen. Er möchte eine sehr schöne Rede haben, denn die Dahingeschiedene sei ein gutes, braves Weib gewesen, das einen besonders rührenden Nachruf verdiene.

»Das trifft sich sehr gut«, meint der Geistliche. »Ich habe da eine Leichenrede, sage ich Ihnen, wenn ich die spreche, löst sich die ganze Trauerversammlung in Tränen auf. Selbst die Männer müssen weinen, wenn sie sie hören.«

»Und wie viel kostet so eine Rede?«, fragt der Witwer.

»Diese Rede kostet hundert Mark.«

»Billiger geht es nicht?«, fragt der Leidtragende schüchtern. »Ich bin kein reicher Mann …«

»Nein«, erwidert der Rabbiner. »Billiger geht's wirklich nicht. Aber ich hab eine andere Rede; die ist auch noch sehr schön. Da schluchzen die Weiber zum Gotterbarmen, und die Männer sind gerührt ... Die Rede kostet nur fünfzig Mark ...«

Der Witwer kratzt sich verlegen das Schläfenhaar. Seine Mittel erlauben ihm auch eine solche Ausgabe nicht.

»Nun«, meint der Rabbiner wohlwollend. »Ich hab noch eine Predigt ... die kostet nur fünfundzwanzig Mark ... Aber zu der möchte ich Ihnen selbst nicht raten ...«

Von Lehrern und Schülern

Ein Lehrer lässt seine Knaben aus dem hebräischen Urtext der Bibel die mosaischen Speisevorschriften übersetzen, die im dritten Buch Mosis verzeichnet sind.

Da ist genau nach Gattung und Art, nach besonderen Kennzeichen und Merkmalen, jedes Tier benannt, das als unrein gilt für den jüdischen Mann und deshalb für den Genuss verboten ist.

Indes, so ein armer Belfer (eigentlich Behelfer = Hilfslehrer) hat wohl sein Hebräisch inne, aber seine naturgeschichtlichen Kenntnisse sind äußerst gering, und so weiß er die fremden Tiere, von denen er ohnehin keine rechte Vorstellung hat, oft nicht mit ihrem deutschen Namen zu benennen. Freilich sucht er sich auf seine Art zu helfen, und in der Regel darf er sich darauf verlassen, dass die Knaben nichts merken in ihrem Lerneifer.

Unser Belfer nun stößt auf das Wort »Janschuf«, was einen »Fischreiher« bedeutet. Da er aber weder Begriff noch Wort kennt, übersetzt er Janschuf schlankweg mit »Janschuf« …

Diesmal lassen sich die Knaben indes nicht so leicht abspeisen. Sie wollen durchaus wissen, was ein »Janschuf« eigentlich sei, und sie hören nicht auf mit Fragen, bis der Lehrer, völlig in die Enge getrieben, sich mit der Antwort herauszulügen versucht:

»Ich werd euch sagen, Kinder, ein Janschuf ... das ist ein meschuggener Fisch ... Und einen meschuggenen Fisch darf man nicht essen.«

Da rufen die Jungen:

»Belfer, wie kann ein Janschuf sein ein Fisch? Er steht doch da unter die Vögel ...«

»Nu«, sagt der Belfer ruhig. »Er ist ein Fisch ... und er hat sich gestellt unter die Vögel ... kann er doch wirklich nur sein ein meschuggener Fisch ...«

***

Moses Mendelssohn hat, wie man weiß, das Griechische aus einem alten, verschlissenen Wörterbuch erlernt, allein und ohne jede Hilfe: in den Anfängen wenigstens.

Ähnliches findet sich heute noch und oft genug bei lernbegierigen Knaben in Galizien und Russisch-Polen. Zuweilen gerät ihnen in ihren Dörfern, fern von der Welt, irgendein altes Buch in die Hand, das ihr Vater irgendwo aufgestöbert oder mit anderm unnützen Kram gekauft und zum Einpacken von Heringen bestimmt hat. Dann beginnen sie mit allem Eifer darin zu studieren, und sie lernen so lange, bis ihnen eine Art Verständnis für den Inhalt aufgeht; dabei ist es ihnen einerlei, ob es sich um ein philosophisches Werk, um ein Lehrbuch der Geometrie oder um die Grammatik einer fremden Sprache handelt.

Ein Knabe dieser Art sitzt eines Tages über solch einer Scharteke in der dämmerigen Stube und lernt, wie man Talmud zu lernen pflegt unter den schwingenden Bewegungen des Oberkörpers und mit dem für hebräischen Text üblichen Tonfall:

»Lechien ... lechat ... lechatau ... Lechien ... lechat ... lechatau ... Lechien ... lechat ... lechatau ...«

Immerzu ... immerzu ... und stets mit dem scharfen Kehllaut des hebräischen »ch« ...

Während er so lernt, tritt der jüdische Gutspächter ins Zimmer und hört zu, was der ihm bekannte Junge seines Faktors da Sonderbares murmelt. Endlich spricht er ihn an:

»Was dawenst (betest) du da, kleiner Benjamin? Es ist doch jetzt nicht Betenszeit ...«

Der Junge hebt die Augen und sieht den Störer träumerisch an.

»Ich bet doch gar nicht, Herr Parneß!«

»Was denn tust du da?«

»Ich lern doch Französisch, Herr Parneß!«, meint der Knabe lächelnd.

»Wieso Französisch?«, fragt Herr Parneß erstaunt.

»Nu«, antwortet Benjamin. »Le chien* ... der Hund; le chat* ... die Katz'; le chateau* ... das Schloss ...«

---

* nicht französisch, sondern buchstabengetreu auszusprechen.

In einer ähnlichen Lage befand sich ein anderer Polenjunge. Auch er hatte eine Scharteke vor sich, auch er ließ seinen Oberkörper nach vorn und rückwärts schwingen und studierte eifrig.

»Zu Dionys' ... Dionys ... etwas ein Mensch, was hat geheißen Dionys ... ›dem Tyrannen‹ ... Tyrann ... ein Gasle, ein grausamer, ein wilder Melech (König) ... ›dem Tyrannen schlich‹ ... Schlich ... ist gekommen zu gehn ... ›Möros‹ ... Möros ... etwas ein Mensch, was hat geheißen Möros ... ›den Dolch‹ ... Dolch ... ein Chalef, ein scharfes Messer ... ›im Gewande‹ ... Gewand ... etwas ein Kaftan ... ein Pekesche ...«

»Was treibst du da eigentlich?«, fragt ihn sein Vater.

»Was ich treib'?«, erwidert das Söhnchen. »Was soll ich treiben? Du hörst doch ... Ich verdeutsch' mir dem Schiller ...«

Ob er sich aber den Schiller richtig »verdeutscht« hat?

Als er das »Lied von der Glocke« studierte, kam er über die Stelle nicht hinaus:

»Doch furchtbar wird die Himmelskraft
Wenn sie der Fessel sich entrafft ...«

denn, was »Fessel« sein könnte, das überstieg seine
Sprachkenntnisse. Es blieb dem Jungen nichts anderes übrig, als sich an den jüdischen Kinderlehrer zu
wenden, der doch in der Stadt gewesen war und
manches gelernt haben mochte.

Der sagte ihm denn auch Bescheid.

»Was, du weißt nicht, was ›Fessel‹ ist? ›Fessel‹ ist
ein kleines Fass ...«

Daniel Spitzkopf, der Hauslehrer für Hebräisch in
einer Brünner Familie, findet eines Tages seinen
Schüler in verdrießlicher Stimmung vor und erfährt auf seine Frage, dass der Junge ein Geburts-
tagsgedicht für seine Mutter habe anfertigen wollen, aber stecken geblieben sei, weil er keinen Reim
finde.

»Nu«, tröstet ihn Spitzkopf. »Ich kann dir ja helfen. Wie ich jung war, hab ich auch manchmal ge-
dichtet zu Hochzeiten. Was für'n Reim fehlt dir?«

»Es fehlt mir ein Reim auf ›Form‹ ...«

»›Form‹ ... ›Form‹ ...«, wiederholt Spitzkopf.
»Närrchen, das ist doch ganz leicht ... ›Form‹ ...
›Worm‹ ...«

Nach einer kleinen Weile hält der Schüler wieder inne und sieht seinen Lehrer an.

»Nu, was fehlt dir jetzt für'n Reim?«

»Es fehlt mir ein Reim auf ›Schirm‹ …«

»›Schirm‹?« … Spitzkopf denkt nach … »Da haben wir's gleich … ›Schirm‹ … ›Wirm‹ …«

»Nu, und jetzt?«, fragt Spitzkopf, als der Junge nach einigen Minuten nicht weiter kann.

»Jetzt fehlt mir ein Reim auf ›Turm‹ …«

»›Turm‹ … ›Turm‹ …«, murmelt Daniel Spitzkopf. »Auf ›Turm‹ weiß ich selbst keinen Reim …«

Der Bischof inspiziert eine Schule.

Er ist mit den Ergebnissen der in seiner Anwesenheit veranstalteten kleinen Prüfungen recht zufrieden und erklärt in der obersten Klasse, in der zwölf- und dreizehnjährige Jungen sitzen, selbst eine Frage stellen zu wollen.

Es soll eine Preisfrage sein. Der Knabe, der die beste Antwort gibt, soll eine Mark als Belohnung erhalten.

»Nun, meine lieben Kleinen«, fragt der Bischof. »Wen sollen wir am meisten lieben … am meisten von allen?«

Eine Pause stiller Überlegung; dann meldet sich der Erste.

»Nun, Primus!«, ermuntert ihn der Bischof.

»Wir sollen unsere Eltern am meisten lieben von allen!«, sagt der Knabe.

Der Bischof nickt wohlwollend.

»Eine schöne Antwort, mein Sohn! Wir verdanken unseren Eltern das Leben; sie hegen und pflegen uns, da wir hilflos sind; sie ziehen uns groß ... In der Tat, wir sollen sie darum sehr, sehr und aufs Innigste lieben. Darin hast du recht. Aber noch gibt es jemand, den wir mehr lieben sollen als unsere Eltern ... Nun, Zweiter?«

»Wir sollen unsere Lehrer am meisten lieben von allen!«, sagt der Zweite.

Der Bischof nickt wieder wohlwollend.

»Brav ... brav, mein Junge! Auch eine schöne Antwort ... Unseren Lehrern sind wir in mancher Beziehung noch mehr Dank schuldig als unseren Eltern ... Sie dürfen deshalb unseren Herzen recht, recht teuer sein ... Und es kann wohl Fälle geben, da wir sie noch inniger lieben dürfen als selbst die Eltern ... Aber auch die Lehrer meine ich nicht. Es gibt noch jemand, den wir mehr lieben müssen ... Denkt mal nach!«

Der Bischof lässt seine Blicke über die Klasse schweifen und entdeckt endlich einen kleinen Knaben, der das Zeichen gibt.

»Nun, mein Sohn, sage uns du, wen wir von allen am meisten lieben sollen?«

Der Junge hat sich erhoben und antwortet:

»Am meisten von allen sollen wir lieben unsern Herrn und Heiland Jesus Christus ...«

Der Bischof klatscht leise in die Hände und ruft:

»So ist recht ... so ist recht ... Das ist die beste Antwort ... Nun komm einmal zu mir her, mein Sohn.«

Der Knabe beeilt sich, dem Befehl Folge zu leisten.

Der geistliche Herr streichelt den schwarzen Lockenkopf.

»Nun, sage mir doch, wie du heißt?«, fragt er freundlich.

»Isidor Kohn«, antwortet der Knabe.

Darauf zieht der Bischof seine Hand von dem Haupte des Schülers zurück und spricht erstaunt:

»Dann bist du wohl ein Israelit, mein Sohn, und mosaischen Glaubens? ...«

»Ja, Herr Bischof!«, erwidert Isidor Kohn.

»Wie kommt es dann«, fährt der geistliche Herr im höchsten Maße verwundert fort, »wie kommt es dann, dass du, ein israelitischer Knabe, meinst, dass wir unsern Herrn und Heiland am meisten von allen lieben sollen?«

Der kleine Isidor dreht sich etwas verlegen hin und her. Endlich fasst er sich ein Herz und sagt:

»Nu, für eine Mark, Herr Bischof ...«

In der Sexta eines Berliner Gymnasiums ruft der Ordinarius einen Schüler auf und verlangt von ihm die Namen der zwölf Kleinen Propheten.

Der Junge nennt dafür prompt die zwölf Söhne Jakobs und schnurrt die Namen herunter:

»Ruben, Simon, Lewi, Juda, Isaschar, Sebulon, Josef, Benjamin, Dan, Naftali, Gad, Ascher …«

Da wendet sich der Lehrer an die Klasse mit der Frage:

»Na, wen hat er denn eigentlich genannt anstatt der Kleinen Propheten?«

Ein Junge meldet sich lebhaft. Es ist der Sohn eines Rechtsanwalts.

»Na … Kohn?«

»Er hat genannt«, antwortet Kohn, »er hat genannt die Rechtsanwälte am Landgericht I …«

***

Ein anderer Berliner Schüler wird in der Religionsstunde gefragt, wann etwa Moses gelebt habe.

Er weiß es nicht.

»Aber, Karfunkel«, sagt der Lehrer, »in eurer Geschichtstabelle steht doch ganz deutlich: ›Moses … 4000‹ … hast du das nicht gesehn?«

»Doch«, meint Karfunkel. »Ich hab aber geglaubt, das ist die Telefonnummer …«

Von den Getauften

In einer vornehmen Gesellschaft lernen sich vier Herren kennen, die Gefallen aneinander finden, sich zu einer Flasche Wein zusammensetzen und dabei in lebhafte Unterhaltung geraten: ein Oberstaatsanwalt und Geheimer Justizrat, ein Hoftheater-Intendant, ein Universitätsprofessor und ein Schriftsteller.

Aus der einen Flasche Wein werden mehrere, das Gespräch wird immer anregender und gemütlicher, und die Herren kommen nach und nach auf persönliche Dinge zu sprechen.

Dabei stellt sich heraus, dass sämtliche vier Männer getaufte Juden sind.

Dieser merkwürdige Umstand ist durchaus nicht danach angetan, die heitere Stimmung, in der sie sich nun einmal befinden, zu verringern oder gar zu verscheuchen. Im Gegenteil! Sie finden es sogar köstlich, dass ein ironischer Zufall sie inmitten einer christlichen Gesellschaft so schön und sicher zusammengeführt hat.

Und weil das geschehen ist, wollen sie sich einmal erzählen, was sie veranlasst hat, dem Glauben ihrer Väter untreu zu werden.

Der Oberstaatsanwalt und Geheime Justizrat beginnt:

»Offen gestanden, ich habe mich aus Ehrgeiz taufen lassen. Ich wollte Karriere machen und das werden, was ich geworden bin, und noch viel mehr, und als Jude hatte ich keine Aussicht dazu …«

Der Universitätsprofessor nimmt das Wort:

»Gott«, sagt er, »wissen Sie, seitdem ich mich mit philosophischen Studien befasse, war mir alles, was Religion heißt, recht gleichgültig geworden. Ob ich nun als Jude oder als Christ durch die Welt ging, war mir im Grunde einerlei. Da mir aber das Judentum in gesellschaftlicher Beziehung unbequem wurde, legte ich es ab, wie man ein unmodernes Gewand ablegt …«

Der Schriftsteller sagt:

»Nun, mich hat die Liebe bekehrt. Die Eltern meiner Braut sträubten sich gegen den Gedanken, dass ihre Tochter einen Juden heiraten sollte, na, da habe ich Ihnen den Gefallen getan …«

Der Hoftheater-Intendant schweigt.

»Na, und Sie, Herr Intendant?«, fragen die drei andern.

»Ich?«, gibt er mit großartiger Geste zur Antwort. »Ich, meine Herren, habe mich aus Überzeugung taufen lassen …«

Da beginnen der Oberstaatsanwalt, der Universitätsprofessor und der Schriftsteller zu lachen und rufen gleichzeitig:

»Das können Sie einem Goj* erzählen!«

---

* Goj = Nichtjude, Christ.

Der Bankier Wallerstein, ein bekannter Sports-
mann, der vor Kurzem zum Christentum übergetreten ist, weil er sonst nicht Mitglied eines vornehmen Berliner Klubs hätte werden können, begegnet an der Börse einem seiner angesehensten
Kunden, dem als gläubigen Israeliten bekannten
Herrn Landauer.

Da die Nachricht von der Taufe Wallersteins, der
übrigens »sehr jüdisch« aussieht, unter seinen früheren Glaubensgenossen viel Staub aufgewirbelt
hat, glaubt der Neophyt Herrn Landauer ein wenig
beruhigen zu müssen und spricht ihn an:

»Ihnen, Herr Landauer«, sagt er, »Ihnen kann
ich's ja in Vertrauen gestehen ... Wenn ich mich
auch habe taufen lassen – innerlich bin ich Jude geblieben ...«

Landauer rückt seinen Kneifer zurecht, sieht
Herrn Wallerstein lächelnd an und meint ruhig:

»Und äußerlich?«

———

Am Jom Kippur, dem höchsten jüdischen Festtage,
der von den frommen und oft auch von den weniger frommen Gläubigen u. a. durch völlige Enthalt-
samkeit in Essen und Trinken begangen wird, sit-

zen die Beamten eines Bankgeschäfts während des Vormittags in ihrem Büro. Es ist Frühstückszeit, und die jungen Leute ziehen ihre Brötchen hervor und beginnen, sie mit gewohntem Behagen zu verzehren.

Nur der alte Achilles, ein Mann von etwa sechzig Jahren, begnügt sich heute mit dem Zusehn. Dafür seufzt er von Zeit zu Zeit tief auf.

Der Chef wird aufmerksam und fragt ihn, ob ihm etwas fehle, ob er etwa krank sei …

»Nein«, sagt Achilles klagend. »Das nicht … aber dieser Jom Kippur … dieser Versöhnungstag …«

»Hören Sie«, meint der Bankier ärgerlich. »Ich hätte Sie auch für klüger gehalten, Achilles. Wenn Sie an Ihrem Versöhnungstag arbeiten, brauchten Sie auch nicht zu fasten …«

»Oh«, seufzt Achilles. »Ich brauchte ja überhaupt nicht zu fasten, denn ich hab mich doch vor vierzig Jahren taufen lassen … Ich bin doch längst kein Jude mehr …«

»Na, und warum fasten Sie dennoch«, sagt der Chef und schüttelt den Kopf, »wenn Sie seit vierzig Jahren Christ sind?«

»Nu …«, erwidert Achilles wehmütig. »Aus alter Gewohnheit …«

46

Lewi aus Posen trifft seinen Jugendfreund Itzigsohn.

»Schöne Geschichten hört man von dir«, sagt er ihm vorwurfsvoll. »Erst lässt du dir taufen auf katholisch. Schon nicht schön! Aber man kann's noch verstehn, wenn's aus Herzensdrang ist, obwohl ich nicht weiß, wie der Herzensdrang über einen Menschen kommen kann, der Itzigsohn heißt, aus Posen ist und so aussieht wie du. Und ich versteh nicht, wie der Geistliche hat den Mut gehabt, aus dir einen Goj zu machen! Aber du hast dich nu mal taufen lassen auf katholisch ... Gut! ... Jetzt erzählt man sich wieder, du bist die Katholiken untreu geworden und bist übergetreten zu den Protestanten ... Schämst du dir denn gar nicht?«

»Werd ich dir was sagen«, meint Itzigsohn. »An der ganzen Geschichte ist nur schuld unser Amtsrichter. Du weißt, ich hab immer zu tun bei Gericht, und jedes Mal, wenn ich bin geworden aufgerufen als Zeuge, hat er gesagt: ›Abraham Itzigsohn aus Posen ...natürlich jüdisch‹... Das hat mir so gekränkt, dass ich bin gegangen zum Pfarrer und hab mir machen lassen katholisch. Und wie ich bin wieder gewesen vor Gericht, und der Amtsrichter hat wieder gesagt: ›natürlich jüdisch‹ ... hab ich ihm unterbrochen und hab gelacht: ›Wieso jüdisch? Ich bin Gott sei Dank katholisch‹ ... Die Augen hättste sollen sehn! Ganz baff ist er gewesen ... Nu, hab ich mir gedacht, jetzt ist alles gut. Wie ich aber wieder komm zu Gericht und auf seine Frage antwort: ›katholisch‹ … was tut er? … Er macht so'n niederträchtiges Gesicht und sagt: ›Schön, also katholisch … Itzigsohn aus Posen … katholisch … Und was waren Sie früher, Itzigsohn?‹… Und weil mir das die Rede verschlägt, lächelt er auf einmal wieder antisemitisch und sagt: ›natürlich jüdisch!‹ Da ist mir geplatzt die Gall, und ich bin gelaufen zum Pastor und hab mir machen lassen protestantisch …«

»Nu«, meint Lewi, »was haste davon?«

»Was ich hab davon?«, schreit Itzigsohn. »Was ich hab davon? Spaß! Eine Nekome* hab ich davon. Wenn unser Amtsrichter mich jetzt wird fragen nach der Religion, werd ich sagen: ›evangelisch‹, und wenn er wird weiter fragen: ›Und früher?‹, dann werd ich mir werfen in die Brust und antworten: ›Katholisch, Herr Amtsrichter!‹ … Nu soll ihm platzen die Gall' …«

Der bekannte Cellovirtuose Heinrich Grünfeld ist bei der reichen Judenschaft von Berlin W. sehr beliebt, sowohl gesellschaftlich – denn er ist ein vortrefflicher Anekdotenerzähler – wie auch als Musiker. Seine Konzerte sind denn auch zumeist von Ju-

* Nekome = Schadenfreude.

den besucht, die ihrem Glaubensgenossen alle Ehre antun.

Daran knüpft sich das Wort eines getauften Grundstücksspekulanten.

Er bekommt einmal den Besuch seines Vetters, eines frommen Juden aus Gnesen. Dieser Mann kann gar nicht begreifen, dass man so völlig allem jüdischen Wesen entfremdet sein könne, wenn man auch getauft ist.

»Wenigstens den Jom Kippur wirste doch halten?«, meint er. »Wenn auch nicht vor den Leuten, so doch heimlich bei dir ...«

Der Grundstücksspekulant wehrt das mit Entrüstung ab, da aber sein Vetter immer mehr in ihn dringt, kommt er in weichere Stimmungen und sagt endlich:

»Nu, dir darf ich's doch verraten, denn du wirst es nicht weiter tragen. Von dem ganzen jüdischen Ritus halt ich nur noch eines ...«

»Und was ist das?«, fragt der Vetter aus Gnesen gespannt.

»Nu ... die Grünfeld-Konzerte ...«

In einer Gesellschaft von Lebemännern entsteht ein Streit über das Alter einer bekannten Schauspielerin.

Einer behauptet, die Dame wäre schon über drei-ßig, ein anderer will wissen, sie sei achtundzwanzig Jahre alt, während ein Dritter meint, sie zähle neun-zehn Lenze.

»Woher wollen Sie das so genau wissen?«, wird er gefragt.

»Ich habe doch ihren Taufschein gesehn!«, erwi-dert er triumphierend.

»Na, wenn's nach dem Taufschein ginge«, be-merkt der Vierte, ein Zeitungsredakteur, der vor ei-niger Zeit zum Christentum übergetreten war. »Wenn's nach dem Taufschein ginge, dann wäre ich erst drei Jahre alt ...«

Ein Wiener Bankdirektor hatte sich taufen lassen und war protestantisch geworden. Als man ihn fragte, weshalb er nicht lieber der herrschenden ka-tholischen Religion beigetreten sei, die ihm in Österreich doch weit mehr Vorteile böte, gab er zur Antwort:

»Ich werd euch was sagen; unter den Katholiken sind mir schon zu viel Juden ...«

Der Sohn eines berühmten deutschen Juristen, der – ein getaufter Jude – eine der höchsten richterlichen Stellen bekleidet hatte und in den Adelsstand erhoben worden war, verlobte sich mit der Tochter eines Bankiers, der ebenfalls einer – wenn auch auf anderem Gebiete – berühmten jüdischen Familie entstammte. Auch er, der Papa der jungen Braut, war christlich geboren, denn schon sein Vater hatte sich taufen lassen.

Die Brautmutter ist besonders beglückt über das Ereignis, und sie sagt zu dem Bräutigam:

»Weißt du, so einen Schwiegersohn, wie du bist, gerade so einen habe ich mir immer gewünscht ...«

»Und wie sollte der sein?«, fragt er lächelnd.

»Weißt du ... so einen netten christlichen jungen Mann aus einer bekoweten* jüdischen Familie ...«

⁂

Leib Wassertrilling hat sich ein Lotterielos gekauft. Um ganz sicher zu gehn, begibt er sich zum Rabbi und tut ein Gelübde. Wenn Gott ihn den Haupttreffer gewinnen lässt, dann will er ein wohltätiges Werk tun: Die Hälfte des Gewinns gelobt er den Armen, außerdem will er der Synagoge eine neue Thorarolle spenden.

* bekowet = ehrenwert.

Die Ziehung kommt und Leib Wassertrilling fällt mit seinem Lose durch. Nicht einmal der Einsatz wird ihm wieder zuteil.

Als er das nächste Mal ein Los kauft, begibt er sich zum Pfarrer und legt auch diesem ein Gelöbnis ab. Wenn Gott – der Gott der Christen – ihn den Haupttreffer gewinnen lässt, dann sollen die christlichen Armen die Hälfte des Gewinns haben; für die Kirche verspricht er ein kostbares Bildwerk des Heilands, und er selbst will das Judentum abschwören und ein guter Katholik werden.

Und es geschieht, dass Leib Wassertrillings Los mit dem Haupttreffer herauskommt ...

Wer aber nichts dergleichen tut, ist ebenfalls Leib Wassertrilling.

Eines Tages erfährt der Pfarrer von Wassertrillings Glück, und er lässt ihn zu sich rufen.

»Unser Gott«, sagt er, »Jesus Christus hat also deine Bitte erfüllt, Wassertrilling, jetzt musst auch du dein Gelübde einlösen und Christ werden ...«

Leib Wassertrilling kratzt sich den Kopf und meint:

»Hochwürden, ich kann mir noch nich entschließen.«

»Ja, mein Sohn, weshalb zögerst du denn? Hast du denn nicht an dir selbst so herrlich erfahren, dass unser christlicher Gott besser ist als der deine?«

Leib Wassertrilling kratzt sich wieder den Kopf.

»Hochwürden«, sagt er. »Verzeihn Sie mir ... Besser ist Ihr Gott ... ich kann nich anders sagen ... aber mein Gott ist klüger ...«

»Wieso, Leib Wassertrilling, wieso ist dein Gott klüger?«

»Nu«, erwidert Wassertrilling, »der lässt sich nix foppen von mir, Herr Pfarrerleben, Hochwürden ...«

Natan Davidowitsch Schlamassel in Kiew hat sich den Revolutionären angeschlossen und ihnen Hilfe geleistet. Im Keller seines Häuschens ist eine geheime Druckerei entdeckt worden. Er wird verhaftet, standrechtlich abgeurteilt und soll durch den Strang hingerichtet werden.

Alle Vorbereitungen dazu sind getroffen.

Natan Schlamassel hat die Nacht vor der Exekution in ständigem Gebet verbracht. Als aber der Morgen anbricht, verlangt er dringend nach dem Popen. Es sei ihm die Erleuchtung gekommen, sagt er, dass er sich vor seinem Tode müsse taufen lassen, und als griechisch-orthodoxer Christ wolle er sterben.

Der Fall ist seltsam und wird dem Kommandanten des Gefängnisses gemeldet, der alsogleich den Popen herbeiholen lässt: denn so sonderbar der Wunsch des Verurteilten ist, er muss erfüllt werden.

»Du weißt«, sagt der Pope zu Natan Schlamassel, »dass durch die Taufe dein Leben nicht gerettet werden kann. Wenn du das gehofft hast, so war das eine eitle Hoffnung, Natan Davidowitsch.«

»Ich weiß«, erwidert Natan ruhig. »Ich weiß, und ich hab' nichts gehofft. Ich will nur sterben als ein Christ.«

Die Zeremonie wird unverweilt in Gegenwart der Gefängnisbeamten vorgenommen und unmittelbar darauf Natan Schlamassel in den Hof geführt, wo der Galgen errichtet ist.

An seiner Seite schreitet, Gebete murmelnd, der Pope. Plötzlich unterbricht er sich.

»Natan Davidowitsch«, spricht er, »eine Frage noch, ehe du vor Gottes Angesicht trittst. Andere halten, gerade wenn der Tod ihnen nahe ist, umso zäher an ihrem Glauben fest, ja wenn sie ihm abtrünnig geworden, verlangen sie im letzten Augenblick nach ihm zurück. Du aber wirst deinem Glauben als Sterbender untreu und lässest dich taufen. Was, was war es, das dich erleuchtet hat?«

Natan Schlamassel sieht den Popen fest an.

»Ich will Ihnen was sagen«, meint er. »Ich hab mir gedacht, wenn schon einer gehängt werden soll, so soll es wenigstens ein Goj sein …«

Von Kaufherren
und Handelsleuten

Moses Neugröschel aus Prag kommt auf seiner Hausiertour in ein Dorf, wo er vor einer Hütte acht junge Iltisse hängen sieht. Iltisfelle sind ein kostbarer Handelsartikel, an dem sich ein schönes Stück Geld verdienen lässt, und so ruft Moses den ihm bekannten Bauer herbei und fragt ihn, ob er ihm die Tiere, wie sie da hängen, nicht verkaufen wolle?

Der Bauer, der, wie Moses bald merkt, von dem Wert seines Fangs keine Ahnung hat, wundert sich, was sein Freund Moses mit den stinkenden Kadavern anfangen werde.

»Nu«, meint Neugröschel, »du musst wissen, dass ich bin schwach auf der Brust, und da hat mir der Doktor gesagt, wenn ich einmal zufällig wo kann kriegen Fleisch von Iltisse, soll ich es essen. Nu bin ich doch, wie du weißt, ein armer Mann, und du bist ein guter Bauer; du wirst mir also – geschenkt will ich nischt haben – die Iltisse billig verkaufen, damit ich kann bald gesund werden.«

»Was willst du also dafür zahlen?«, fragt der Bauer.

»Werd dir geben – weil es ist für meine Gesundheit – werd ich dir geben für die acht Iltisse ... ich brauch sie ja nur wegen dem Fleisch ... werd ich dir geben ... ein Gulden und fünfzig Kreuzer ...«

»Gut«, sagt der Bauer. »Weil du mein alter Freund bist, und weil es sich um deine Gesundheit handelt.«

Moses Neugröschel bezahlt und bittet den Bauer, die Iltisse bis zum nächsten Tage hängen zu lassen. Er werde morgen auf dem Rückwege von seiner Tour wieder vorsprechen und die Tiere mitnehmen. Höchst vergnügt über das ausgezeichnete Geschäft nimmt er seinen Kasten auf den Rücken und wandert weiter.

Am Nachmittag desselben Tages kommt Natan Malkomes, Moses Neugröschels Konkurrent, in dasselbe Dorf. Auch er sieht die acht Iltisse hängen, und auch er möchte hier ein Geschäft machen; denn acht solcher kostbaren Felle auf einmal bekommt man nicht jedes Jahr zu sehen.

Wieder wird der Bauer herbeigeholt und befragt, ob er die Tiere für Geld und gute Worte losschlagen möchte?

Aber der Mann schüttelt den Kopf und sagt, es ginge nicht; sein Freund Moses habe die Iltisse bereits gekauft und bezahlt.

Natan Malkomes ist wütend.

»Moses?«, schreit er. »Zu was braucht Moses Neugröschel Iltisse? Seit wann kann er Iltisse bezahlen, der Schnorrer?«

Darüber kann nun der Bauer Auskunft geben, und als er erzählt, dass sein Moses schwach auf der

Brust sei und die Tiere wegen des Fleisches gekauft habe, fällt ihm Natan ins Wort:

»Bauer, das trifft sich sehr gut! Braucht Moses das Fleisch von die Iltisse, weil er ist schwach auf der Brust, so soll er doch das Fleisch in Gottsnamen behalten. Ich bin schwach auf der Lunge und ich soll mir auflegen die Iltisfelle auf der Brust. So is ihm geholfen und mir geholfen, und du, Bauer, machst ein doppelt Geschäft.«

Dem einfältigen Manne leuchtet das völlig ein, und er entschließt sich, die für Moses wertlosen Felle Natan Malkomes ebenfalls für einen Gulden fünfzig Kreuzer zu verkaufen. Der aber nimmt sie gleich mit, und als Neugröschel am nächsten Tage erscheint, findet er die enthäuteten Tiere hängen und erfährt auch bald von dem Streich, den sein Konkurrent ihm gespielt hat.

Natan Malkomes rühmte sich natürlich in Prag seiner Schlauheit und wie er den »Überchochem« (Überweisen) Moses hereingelegt habe. Und wenn er oder andere später diese Geschichte erzählten, pflegten sie sich bei den Worten: »Er ist schwach auf der Brust« mit dem Finger gegen die Stirn zu tippen.

Daher soll sich auch die bekannte Redensart herschreiben.

Die Gemeinde von Chrzanow in Galizien wendet sich in einem außergewöhnlich strengen Winter an ein bekanntes jüdisches Kohlen-Großhaus in Wien mit der flehenden Bitte, ihr – »nachdem, dass die Zeiten sehr schlecht sind« – fünfzig Waggonladungen Steinkohlen zu schenken oder wenigstens doch zu einem geringen Preise zu überlassen.

Die Firma beeilt sich, der Not leidenden Gemeinde mitzuteilen, dass sie ihr die gewünschten fünfzig Waggons zur Verfügung stelle, und zwar mit einem Preisnachlass von 50 Prozent. Die Bezahlung solle im Frühjahr erfolgen.

Alsogleich bitten die Chrzanower um sofortige Lieferung von vorläufig fünfundzwanzig Wagenladungen, die nach kurzer Zeit eintreffen.

Der Frühling kommt ins Land, der Sommer bricht an, aber die wohltätige Firma in Wien wartet noch immer auf Bezahlung. Sie hat einige Male die Chrzanower Gemeinde höflich erinnert, ihrer Verpflichtung nachzukommen, jedoch nicht einmal eine Antwort erhalten. Da lässt sie endlich eine energischere Mahnung los und droht schließlich mit einer Klage, falls die gelieferten fünfundzwanzig Waggons Steinkohle nicht sofort bezahlt würden.

Darauf begibt sich der Gemeindevorsteher nach Wien und lässt sich bei dem Chef der Firma melden.

»Herr Baron«, sagt er, »es muss da ein Irrtum sein in Ihren Geschäftsbüchern. Sie verlangen von uns bezahlt fünfundzwanzig Waggons Kohle. Aber verkauft haben Sie uns doch fünfzig Waggons mit 50 Prozent Nachlass. Ist es so, oder ist es nicht so?«

»Ja«, meint der Baron. »Ja, lieber Herr, das ist freilich so; aber Sie haben sich doch nur fünfundzwanzig Waggons liefern lassen.«

»Also, was wollen Sie?«, unterbricht ihn der Chrzanower. »Das sind doch eben die 50 Prozent, die Sie uns nachgelassen haben …«

Der Einkassierer eines Geschäftshauses in Lemberg, Pinkus Schwarzweiß, befindet sich gegen Abend auf der Heimkehr von der Dampfmühle, wo er Geld geholt hatte, in einem Walde.

Plötzlich steht ihm ein jüdischer Mann gegenüber, der ihm mit den Worten »'s Geld oder 's Leben!« einen Revolver auf die Brust setzt.

Pinkus Schwarzweiß ist zu Tode erschrocken, aber er fasst sich bald und sagt:

»Wenn's so is, werde ich Ihnen lieber das Geld geben.« Während er aber in die Tasche greift, fährt er fort: »Aber einen Gefallen können Sie mir wenigstens tun für das viele Geld.«

»Was for a Gefallen?«, fragt der Räuber, ohne die Waffe abzusetzen.

»Wenn ich komm ohne Geld nach Haus, wird doch ein Geschrei sein. Man wird sagen, ich hab mir das Geld behalten. Kein Mensch wird glauben, dass ein Räuber mit einer Pistole gekommen ist und es mir hat weggenommen. Also, dass man mir glaubt, müssen Sie mir wenigstens einmal schießen durch den Hut.«

Damit nimmt er seine Kopfbedeckung ab und legt sie auf die Erde. Im nächsten Augenblick knallt ein Schuss, und der Hut ist durchlöchert. Pinkus Schwarzweiß betrachtet den so beschädigten Hut und schüttelt sehr unzufrieden seinen Kopf.

»Das ist zu wenig«, meint er ärgerlich. »Sie werden sagen, ich hab mir nicht genug gewehrt. Sie müssen mir schießen auch durch den Rock.«

Der Räuber tut ihm den Gefallen, knallt dann noch einen dritten Schuss durch den Ärmel des Rockes.

»Nu noch durch die Weste einen Schuss!«, bittet Pinkus.

»Kann ich nich, du Schalksnarr!«, lacht der Räuber.

»Warum können Sie nich?«

»Weil ich hab ka Kugel mehr im Pistol.«

Im nächsten Augenblick hat Pinkus Schwarzweiß seinen Rock wieder an, seinen Hut aufgesetzt und sagt ruhig:

»Haste ka Kugel, hab ich ka Geld!«

Ein reicher Fabrikant, der aus Tarnow in Galizien stammt, wird, seitdem in der Heimat bekannt geworden ist, dass er als »ein großer Mann« dasteht in Wien, sehr häufig von Landsleuten heimgesucht. Irgendwie will jeder von ihnen mit ihm verwandt sein, wie denn bekanntlich mit steigendem Reichtum die Zahl der Verwandten in erstaunlicher Weise anwächst, während arme Menschen – nach dem alten jüdischen Wort – keine Vettern haben.

Von unserem reichen Fabrikanten und Vetter von ganz Tarnow will nun jeder etwas haben: Geldunterstützung, Stellung, einen Beitrag zur Mitgift der Tochter, Beihilfe zur Badereise: kurz, was so eine bessere Familie in Tarnow braucht, wenn ein reicher Mann in Wien ihr Vetter ist.

Eines Tages kommt auch Efraim Leimsieder in das Kontor seines Landsmannes. Er mag natürlich nichts geschenkt haben wie die anderen – die »anderen« wollen immer etwas geschenkt haben – nein; er will sich im Geschäft, in der Fabrik, im Hause nützlich machen und so sein Brot rechtschaffen verdienen. Und er kommt immer wieder und bringt sein Gesuch mit immer neuen Gründen vor.

»Schön«, sagt der Fabrikant endlich. »Ich habe Sie zwar früher nie gesehen, aber die Sache lässt sich hören. Was können Sie?«

Efraim Leimsieder, der ein Mann von fünfzig Jahren ist, kann indes, wie sich bald herausstellt, nichts von dem, was der Fabrikant im Geschäft, in der Fabrik oder im Hause brauchen könnte, aber er meint:

»Ich bin ein Mensch, was die Welt und die Menschen gründlich kennt, und ich kann mich Ihnen dadurch nützlich machen, dass ich Ihnen gute Ratschläge gebe. In Tarnow sind die Leut' immer zu mir gekommen, wenn sie haben gewollt einen guten Rat.«

»Gut«, antwortet der Fabrikant. »Das passt mir gerade. So einen Mann suche ich schon lange. Ich werde Ihnen also für jeden guten Rat, den Sie mir geben, fünf Gulden zahlen. Sind Sie einverstanden?«

Efraim Leimsieder erklärt sich zufrieden. Darauf zieht der Fabrikant eine Fünfguldennote aus der Tasche und reicht sie seinem Landsmanne hin.

»Und jetzt«, sagt er, »geben Sie mir einen guten Rat, wie ich Sie kann loswerden?«

Ein jüdischer Handelsmann aus der Gegend von Drillichau erscheint mit seinem fünfzehnjährigen Knaben beim Direktor des Gymnasiums von Bielitz im österreichischen Schlesien. Er will seinen Sohn, der sich mithilfe des Hebräisch-Lehrers und einiger alter Bücher für die dritte Klasse (Quarta) vorbereitet hat, in die Schule aufnehmen lassen.

Der Direktor hat nichts dagegen einzuwenden, doch müsste der Junge erst geprüft werden, und es wäre zunächst die Taxe dafür zu erlegen.

»Und was kost' so eine Prüfung, Herr von Direktor?«, fragt der Vater.

»Das kostet sechs Gulden, mein Lieber«, sagt der Direktor.

»Gott!«, meint der Handelsmann verlegen und kratzt sich den Kopf. »Gott, Herr von Direktor, können Sie's nich machen für drei Gulden? Ich bin ein armer Mann ...«

»Das geht nicht«, erwidert der Schulleiter lächelnd.

»Wissen Sie was, Herr von Direktor«, ruft der Drillichauer, »werd ich Ihnen geben drei Gulden, brauchen Sie ihm nur die Hälft' zu prüfen ...«

———

Cheskel Kistenholz aus Kolomea befindet sich in Leipzig zur Messe. Morgens an dem Laden seines Geschäftsfreundes vorübergehend, erinnert er sich, dass er es versäumt habe, das Frühgebet zu verrichten. Er betritt also den Geschäftsraum und bittet um die Erlaubnis, im Kontor beten zu dürfen. Das wird ihm gestattet.

Während er in dem kleinen Raume, in dem man ihn allein lässt und der durch eine Glastür von dem

Laden geschieden ist, unter dem üblichen Schwingen des Oberkörpers seine Andacht verrichtet, fällt sein Blick auf die Seidentüchlein, die im Regal vor ihm aufgeschichtet liegen. Er kann der Versuchung nicht widerstehen, sich da, wo er sich unbeachtet glaubt, nach Herzenslust zu bedienen, und während einer besonders lebhaften Schwingung greift er nach der lockenden Ware und hat im nächsten Augenblick ein Dutzend der köstlichen Tüchlein in der weiten Tasche seines Kaftans.

Nachdem er sein Gebet beendet hat, bedankt er sich und geht vergnügt von dannen.

Am nächsten Tage kommt er, um sich seine Rechnung zu holen. Als deren letzten Posten findet er zu seinem Staunen ein Dutzend seidene Taschentücher, die er nicht gekauft hat.

»Was sind das für Tücher?«, fragt er.

»Nu, Kistenholz«, sagt der Buchhalter. »Sie werden doch wissen ... gestern, wie Sie hier gebetet haben ... da haben Sie doch ...«

Da drückt Kistenholz die Augen zusammen, droht dem Buchhalter mit dem Finger und ruft:

»Oih ... Sie Gannef!«[*]

In der Taborstraße zu Wien wird ein alter Jude, der mit einem Packen auf dem Rücken dahingeht, von einem jungen Juden angesprochen, der ihn fragt, ob er ihm nicht ein paar Hosen verkaufen könnte.

»Ja«, sagt der Alte, »haben hab' ich Hosen zu verkaufen ... Aber sie werden Ihnen zu weit sein.«

»Was schadt das?«, meint der andere. »Wenn's nur sind ein paar gute Hosen.«

»Gut sein sind se«, antwortete der Alte. »Aber zu weit sind se doch ...«

Das geniert den Kauflustigen nicht, und er geht mit dem Alten mit.

Sie passieren die Stadtgrenze und kommen auf die Landstraße, aber noch immer scheint der Handelsmann nicht in der Nähe seiner Wohnung zu sein. Der junge Mann wird endlich ungeduldig.

»Wo haben Sie denn die Hosen?«, fragt er.

»Wo ich se hab? ... In Prag hab ich die Hosen ...«

»Und da schleppen Sie mich mit, alter Possenreißer?«, schreit der Junge wütend. »Das ist doch eine Gemeinheit ...«

»Wieso schlepp ich?«, erwidert der Alte und lacht. »Ich hab Ihnen doch gleich gesagt, die Hosen werden Ihnen zu weit sein ...«

Abraham Pniower ist vom Leichenbegängnis seines Bruders aus Berlin nach Schrimm zurückgekehrt und erzählt, welche Ehrungen dem Verstorbenen, der in einem großen Geschäft als Prokurist tätig gewesen ist, zuteil geworden sind bei seiner Bestattung.

»Ich sag euch«, erzählt er, »wie man den Sarg hat heruntergelassen und der Rabbiner hat den Segen gesprochen, da war alles tief ergriffen. An dem Grab aber ist gestanden Herr Falksohn, der Chef von meinem Bruder, und hat geweint – – –«

Die Rührung übermannt Pniower; er muss das Taschentuch ziehen und sich die Tränen wegwischen. Dann fährt er schluchzend fort:

»... und hat geweint ... ein Mann, was ein Engrosgeschäft hat ...«

Ein Wiener Kaufmann wird darüber zur Rede gestellt, dass er sich allzu bescheiden kleide, während seine Frau doch solchen Luxus treibe mit ihrer Toilette. Er antwortet mit einem schweren Seufzer:

»Kinder, das ist so: Meine Frau kleidet sich nach'm Journal ... ich aber muss mich nebbich anziehn nach'm Hauptbuch ...«

Ein jüdischer Pferdehändler in Berlin will einem Glaubensgenossen ein Pferd verkaufen, und preist ihm das Tier lebhaft an.

»Ich sag dir, das ist 'n Pferdl ... Und was für 'n Pferdl ... Wenn du dir aufsetzt auf dem Pferdl hier in Berlin am Brandenburger Tor um fünf Uhr früh ... bist du um sieben in Potsdam ...«

Der andere zuckt die Achseln:

»Was tu ich so früh in Potsdam?«

In das Modewarengeschäft von Krojanker ist ein neuer Kommis eingetreten, der nicht recht einschlagen will. Er versteht die Kunden nicht zu behandeln und verkauft deshalb wenig.

Eines Tages, als ihm wieder eine Dame weggeht, ohne von den ihr vorgelegten Stoffen etwas erstanden zu haben, sagt Krojanker:

»Löwenberg, Sie machen das nicht richtig. Ich werd Ihnen einmal zeigen, wie man die Leute behandelt. Also: Warum hat die Dame nischt gekauft? Sie haben ihr mindestens zehn Stück von dem neuen Seidenstoff gezeigt ...«

»Sie hat gesagt«, antwortet Löwenberg, »sie hat gesagt, die Seide ist ihr zu teuer ... Da bin ich schon auf das äußerste runtergegangen mit dem Preis ... Sie war ihr noch zu teuer ... Da hab ich se müssen weggehen lassen ...«

»Mensch!«, schreit Krojanker. »Das haben Sie gar nicht müssen!«

»Was hab ich tun sollen?«

»Was Sie haben tun sollen? ... Sie hätten der Dame sagen sollen ... ›Gnädige Frau‹ ... hätten Sie artig sagen sollen, ›haben Sie nicht gehört, dass unter die Seidenwürmer ist eine große Seuche ausgebrochen? ... und nächstens wird es gar keine echte Seide mehr geben ... Wenn Sie aber die Seide kaufen, machen Sie noch ein gutes Geschäft ... Denn Sie können sich doch denken, wie infolge der Seidenwürmerseuche die Preise sind in die Höhe gegangen.‹ ... Nu, haben Sie verstanden, Löwenberg?«

Löwenberg sieht seinen Chef bewundernd an und verspricht, diese ausgezeichnete Methode zu beobachten.

Zwei Stunden später geht ihm aber wiederum eine Dame weg, ohne etwas gekauft zu haben.

Krojanker nimmt sich den Unglücksmenschen noch einmal vor.

»Nu, warum haben Sie diesmal nischt verkauft? Was hat die Dame gewollt?«

»Band hat sie gewollt«, sagt Löwenberg. »Aber das Band war ihr zu teuer, Herr Krojanker.«

»Und was haben Sie gemacht, Löwenberg?«

»Ich hab ihr gesagt: ›Gnädige Frau‹ ... hab ich ihr ganz artig gesagt ... ›so billig werden Sie nie mehr Band kaufen können ... Denn Sie werden doch gehört haben, dass unter die Bandwürmer ist eine große Seuche ausgebrochen.‹ ... Und kaum hab ich das gesagt gehabt, war sie draußen ...«

Auf der Fahrt von Berlin nach Breslau geraten zwei Kaufleute ins Gespräch. Als der eine, der aus Breslau ist, erfährt, dass der andere ein Geschäft in Klobuschin hat, sagt er etwas maliziös:

»Klobuschin ist ein ganz schöner Ort ... Schade ist nur, dass es dort so wenig ehrliche Leute gibt.«

»Wenig ehrliche Leut'?«, fährt der Klobuschiner auf. »Ich kann Ihnen, ohne mich erst lange zu besinnen, gleich hundert ehrliche und anständige Leute aus Klobuschin nennen ...«

»Na«, meint der aus Breslau scherzend, »ich will Ihnen zahlen einen Taler, wenn Sie mir auch nur zehn ehrliche Klobuschiner nennen können ...«

»Schon gemacht!«, ruft der andere. »Schon verdient das Geld ...«

»Also los!«

»Da haben wir erst ...«, beginnt der Klobuschiner ... »Da haben wir erst ... nein, der nich ... da

69

haben wir … sagen Sie«, wendet er sich plötzlich an den Breslauer, »müssen sie gerade sein aus Klobuschin?«

❦

Auf dem Wege zum Tarnower Bahnhof trifft Jonas Lederkopf seinen Konkurrenten Pinkus Pulvermacher.

»Nu, wohin wirst du fahren?«, fragt er ihn.

»Werd ich fahren nach Krakau«, antwortet Pulvermacher.

Pulvermacher steigt richtig in den nach Krakau fahrenden Zug und trifft mit Lederkopf, der das gleiche Ziel hat, im Abteil zusammen. Da sieht Lederkopf seinen Konkurrenten wütend an und schreit:

»Du hast gesagt, du wirst fahren nach Krakau. Wenn du sagst, du wirst fahren nach Krakau, wirst du doch fahren nach Lemberg … Du fahrst aber doch nach Krakau … Was lügst du da erst?«

❦

Ein Berliner Kaufmann, der in Konkurs geraten war, hat seine Gläubiger mit 25 Prozent abgefunden; während der kritischen Zeit hatte er sich nicht blicken lassen, und es hieß, er sei infolge des Geschäftszusammenbruchs schwer krank. Das war es auch gewesen, was seine Gläubiger bewogen, mit ihm einen so billigen Vergleich zu schließen.

Bald nach Aufhebung des Konkurses ist der Mann wieder obenauf.

Eines Tages begegnet ihm ein früherer Gläubiger.

»Nu, Herr Grobtuch«, fragt er etwas ironisch. »Wie geht's nach der Krankheit?«

»Wie soll's gehn? Sie sehn doch …«

»Ja, ja«, meint der andere. »Sie sehen wirklich schon um 75 Prozent besser aus …«

Ein bekannter Berliner Börsenmann wird etwa ein Vierteljahr nach seinem achtzigsten Geburtstag schwer krank.

Seine Geschäftsfreunde besuchen ihn und sprechen ihm Mut zu.

»Sie, bei Ihrer Konstitution, werden die Krankheit gut überstehn«, tröstet ihn einer. »Gott wird Sie uns lassen wenigstens bis neunzig …«

Da lächelt der alte, kranke Börsenmann und sagt:

»Warum soll er mich erst nehmen mit 90, wenn er mich kann haben mit 80¼?«

Graf Borinski kommt von seinem Gute nach Krakau und lässt seinen Faktor (das ist der Mann, der seine Geschäfte in der Stadt zu besorgen hat) zu sich ins Hotel kommen.

Er gibt ihm verschiedene Aufträge, unter anderen auch den, für die Gräfin einen »Dackel« zu kaufen.

Natan Chaimowitsch sagt:

»Also schön, Herr Graf … ein Dackel … Was wollen Sie anlegen für den Dackel, Herr Graf?«

»Ich denke, für zehn bis zwölf Gulden wirst du schon einen schönen Dackel bekommen, Natan.«

»Aber, Herr Graf!«, ruft Chaimowitsch. »Für zehn bis zwölf Gulden! Das ist nischt für einen wirklich schönen, guten Dackel, wie ihn die Frau Gräfin brauchen kann. So ein Dackel muss doch aussehn nach was! Und es ist doch 'n Unterschied, ob man braucht einen Dackel für, sagen wir, für die Frau Ökonomin oder für die Frau Gräfin.«

»Gut, Natan! Du kannst meinetwegen zahlen fünfzehn Gulden für den Dackel … wenn er nur schön ist …«

»Wie heißt, fünfzehn Gulden?«, meint der Faktor. »Fünfzehn Gulden ist bei die heutigen Zeiten gar nischt für einen schönen, ausgezeichneten Dackel erster Klass' … Sie werden schon zahlen müssen wenigstens zwanzig Gulden, Herr Graf! Unter dem wird nichts Brauchbares zu haben sein für die Frau Gräfin. Glauben Sie mir, Herr Graf!«

»Meinetwegen!«, stimmt der Graf zu. »Also in Teufels Namen zwanzig Gulden. Aber mehr gebe ich auf keinen Fall für den Dackel, Natan.«

Chaimowitsch notiert sich den Auftrag, bleibt aber dann, anstatt loszuziehen, ruhig stehn.

»Dass dich die Gans stoße, Natan!«, flucht der Graf. »Das Geld hab ich dir gegeben, was willst du da noch?«

»Entschuldigen Sie, Herr Graf«, meint Natan Chaimowitsch verlegen, »eine Frag … Was ist das, ein Dackel?«

Dem Berliner Konfektionär Pinkussohn sind am Schlusse der Frühjahrssaison sechsunddreißig Jacketts einer bestimmten Art übrig geblieben, und er möchte sie selbst mit einem kleinen Verlust loswerden.

Er wendet sich deshalb an seinen gerissensten Reisenden um Rat.

»Herr Pinkussohn«, sagt der, »für die Provinz Posen sind die Jacketts noch sehr gut. Aber einen halbwegs annehmbaren Preis werden die Brüder nicht mehr zahlen wollen dafür … jetzt, nach der Saison … Zu welchem äußersten Preis möchten Sie denn die Ware losschlagen?«

»Wenn ich vier Mark pro Stück kriege«, meint der Chef, »will ich schon zufrieden sein. Kosten tun sie mich selbst 4 Mark 75 …«

»Schön«, sagt der Reisende. »Wir wollen das so machen: Wir stellen sechs Pakete zusammen zu je sechs Jacketts in jedem, und schicken diese Pakete an unsere besten Kunden in der Provinz Posen. Gut! Jetzt kommt der Trick, auf den die Brüder – ich kenn sie doch! – reinfallen werden. Wir schreiben zu jedem Paket einen Brief, darin heißt es: Wir schicken Ihnen anbei vier Jacketts, die wir Ihnen sechs Mark pro Stück berechnen, zusammen also mit vierundzwanzig Mark. Verstehn Sie, Herr Pinkussohn?«

»Das schon. Aber was bezwecken Sie damit?«

»Das, Herr Pinkussohn: Wie ich die Brüder in Posen kenne, werden sie sagen: ›Schicken tut er sechs, in dem Brief hat er sich geirrt und schreibt von vier Stück … werden wir uns nichts wissen machen, die vier Stück schnell bezahlen und die sechs Stück behalten.‹ … So werden Sie, Herr Pinkussohn, Ihren Preis, und Ihre Kunden werden die Freude haben, die Firma Pinkussohn in Berlin einmal ordentlich übers Ohr gehauen zu haben …«

Dem Chef leuchtet die Sache außerordentlich ein, und die Pakete werden abgeschickt.

Als sich der Reisende nach acht Tagen nach dem Erfolg seines schlauen Tricks erkundigt, fährt ihn der Herr Pinkussohn an:

»Spaß, haben Sie mir einen guten Rat gegeben! Spaß, hab ich ein Geschäft gemacht!«

»Was?«, staunt der Reisende. »Haben die Posener Brüder nicht genommen die sechs Stück für vier Stück?«

»Ooßer!«* schreit der Chef. »Ooßer haben sie sie genommen ... aber jeder hat mir nur vier Stück zurückgeschickt ...«

In einem Eisenbahnabteil erster Klasse befinden sich zwei ältere, distinguierte Herren, die – ohne sich erst förmlich vorgestellt zu haben – in eine lebhafte Unterhaltung geraten.

Der eine der beiden Männer ist ein bekannter preußischer General, der andere ein reicher jüdischer Kaufmann.

Mitten im Gespräch bemerkt der General im Knopfloch seines Gegenübers das Abzeichen eines hohen Ordens.

»Ah«, sagt er, sich unterbrechend. »Ich sehe, Sie haben sich um das Vaterland verdient gemacht. Bei welcher Gelegenheit, wenn ich fragen darf, haben Sie diese Auszeichnung erhalten?«

* Ooßer! = Ausgeschlossen!

»Nun«, antwortet der andere mit Stolz. »Während des letzten Feldzugs habe ich doch für unsere Kavallerie Hafer geliefert.«

Gleichzeitig bemerkt er, dass der Herr, der mit ihm spricht, ebenfalls das Abzeichen eines hohen Ordens trägt.

»Und Sie«, fährt er fort. »Was haben Sie getan für Ihre Auszeichnung? Was haben Sie geliefert?«

»Ich«, entgegnet der General lächelnd, »ich habe Schlachten geliefert …«

Da stößt ihn der jüdische Herr vertraulich in die Seite, drückt die Augen ein wenig zusammen und sagt:

»Nu … glauben Sie … ich hab guten geliefert?«

Isidor Sorauer aus Posen lernt auf seiner Reise nach Leipzig im Eisenbahnwagen einen Herrn kennen, mit dem er sich sehr gut unterhält. Schließlich fragt er ihn nach Herkunft und Namen und erfährt, dass der nette Mann der bekannte Gedankenleser Cumberland ist, von dem er in den Zeitungen schon viel gelesen hat.

Sorauer will natürlich sofort wissen, auf welche Weise Cumberland seine geheimnisvolle Kunst ausübt und ob dabei nicht ein kleiner Trick und ein bisschen Schwindel unterlaufe. Das wird geleugnet, worauf Sorauer den Fremden bittet, in seinen – Isidor Sorauers – Gedanken zu lesen. Dann würde er am besten beurteilen können, was an der Sache sei.

Cumberland erklärt sich lächelnd dazu bereit, verlangt aber für die kleine Extravorstellung im Coups ein Honorar von hundert Mark, womit der Posner für den Fall einverstanden ist, dass seine Gedanken auf diese Weise wirklich zutage kommen.

Cumberland legt also Sorauers Hand auf seinen Kopf, blickt ihm fest in die Augen und sagt:

»Sie sind ein Kaufmann und denken jetzt daran, in Konkurs zu gehen und mit ihren Gläubigern einen vorteilhaften Vergleich zu schließen.«

Sorauer sieht Cumberland erstaunt an, zieht dann, ohne ein Wort zu sprechen, seine Brieftasche hervor und reicht dem Wundermanne einen Hundertmarkschein hin.

»Ich habe also Ihre Gedanken richtig gelesen?«, fragt der Künstler befriedigt.

Und Sorauer antwortet:

»Das … nicht … aber Sie haben mich auf eine gute Idee gebracht …«

Simon Paschkes, ein Gänsehändler, der mit seinem Konkurrenten Rafael Silberstein im Prozess liegt, kommt einen Tag vor dem gerichtlichen Verhandlungstermin zu seinem Rechtsanwalt und fragt ihn, ob er nicht eine günstige Wendung für sich herbeiführen könnte, indem er dem Richter eine schöne, fette Mastgans ins Haus schicke.

Der Rechtsanwalt schreit Herrn Paschkes gehörig an.

»Wenn Sie einem preußischen Richter das zu bieten wagen, so sind Sie schon unten durch, mein Lieber! Dann können Sie sich schon als verurteilt ansehn. Ein Mensch, der einen Bestechungsversuch unternimmt, wird von jedem Richter ohne Weiteres für den schuldigen Teil gehalten.«

Herr Paschkes zieht tief betrübt ab.

Am nächsten Tage findet die Verhandlung statt. Paschkes geht aus ihr als Sieger hervor, denn sein Gegner Silberstein wird mit seiner Klage glatt abgewiesen.

Auf dem Korridor sagt dann der Rechtsanwalt zu seinem Klienten:

»Sehn Sie, Paschkes, wenn Sie dem Richter die Gans geschickt hätten, wäre die Sache nicht so gut ausgefallen für Sie.«

»Nu, Herr Doktor«, meint Paschkes und blinzelt. »Wenn ich Ihnen darf ein Geheimnis sagen – –«

»Immerzu«, meint der Rechtsanwalt. »Vor Indiskretionen sind Sie bei mir sicher.«

»Nu ... ich hab dem Herrn Richter doch geschickt 'ne schöne Gans!«

»Nicht möglich!«, fährt der Advokat auf. »Das ist nicht wahr!«

»Pscht ...«, macht Paschkes und sieht vorsichtig um sich. »Pscht ... Ich hab ihm geschickt die Gans ... Aber ich hab beigelegt die Geschäftskarte von Rafael Silberstein ...«

Von dem Schadchen[*]

Ein Rabbi wird von den Eltern eines jungen Mannes gebeten, diesem in liebevoller und gründlicher Weise klar zu machen, dass es für ihn Zeit sei, ans Heiraten zu denken und einen eigenen Hausstand zu begründen. Er lässt also den Ehescheuen zu sich kommen und unterhält sich, um ihn zunächst kennenzulernen, längere Zeit mit ihm. Endlich glaubt er zu wissen, wie man solch eine schwierige Sache bei diesem Menschen anzufassen habe, und beginnt:

»Sieh einmal, mein Lieber, jetzt wenn du nach Hause kommst am Abend von deine Geschäfte, müde und abgearbeitet, was haste da? Gar nischt haste! Du kommst in 'ne kalte, finstere Stube, und es ist keine Ordnung drin und kein Behagen, und niemand ist da, dem du deinen Kummer und deine Sorgen sagen kannst ...«

»Ja ... ja ...«, sagt der junge Mann traurig.

Der Rabbi erhebt sich und tritt an seine Seite; er hat das Gefühl, dass er auf dem rechten Wege ist, den schüchternen Menschen zu bekehren, und fährt in freundlich-zärtlichem Tone fort:

[*] Schadchen = Heiratsvermittler.

»Siehste, mein Lieber, wenn du nu verheiratet bist, haste so ein junges, schönes, liebes Weib da. Und wenn du kommst nach Haus, ist es warm in deiner Stube ... und auf dem Tisch steht eine Lampe ... und es ist hell und sauber ... Und der Tisch ist gedeckt ... Und du hast dein Essen, wie es dir schmeckt ... Und du bist wie ein Fürst in dein Haus ...«

»Ja ... ja ...«, sagt der junge Mann, und seine Augen leuchten.

»Und sagen wir ...«, nimmt der Rabbi wieder das Wort, »sagen wir, du hast im Geschäft Sorgen gehabt ... und du bist in deinem Innersten betrübt ... da kommt dein schönes, junges, liebes Weib ... und legt dir ganz still 'ne gute, liebe Hand auf'n Kopf ...«

Der Rabbi legt dem jungen Menschen seine Rechte auf das Haupt.

»Ja«, fährt er in den zärtlichsten Tönen fort. »Ja ... und dann streichelt sie dir zart, ganz zart ... (der Rabbi tut es) ... deine Wangen ...«

Der Schüchterne ist ordentlich hingerissen und nickt glückselig.

»... und fängt an zu reden ... freundlich und süß ... Verstehste, mein Lieber?«

»Ja ... ja ...«, sagt der andere, und der Rabbi fährt in leidenschaftlichem Eifer fort:

»... und red't ... und red't ... und red't ...«

»Ja ... ja ...«, haucht der Jüngling.

Und der Rabbi wie in Ekstase:

»... und red't ... und red't ... und red't dir die Galle heraus!«

Ein reicher aber übel berüchtigter Mann will seine Tochter verheiraten. Auf der Reise lernt er nun einen jungen Menschen kennen, der ihm geeignet scheint, sein Schwiegersohn zu werden, umso mehr, als er auch dem Mädchen gefällt.

Die Verhandlungen werden eingeleitet, und der alte Koppel Tulpental lädt den Mann zu sich, der schließlich seine Bewerbung vorbringt.

Tulpental zieht sich darauf mit dem jungen Menschen zurück und sagt ihm:

»Hören Sie, Sie gefallen mir, und es kann was werden aus der Sache. Aber bevor Ihnen erst die Leute allerlei über mich vorklatschen, will ich Ihnen selbst die Wahrheit über mich sagen ... Sehen Sie, man wird Ihnen erzählen, dass ich hab mein Geld erworben auf eine nicht schöne Weise ... Gut ... Was ist schon nicht schön gewesen daran? ... Ich hab einmal gemacht Bankerott ... ein einziges Mal ... Ich hab gehabt dabei Malheur ... der Staatsanwalt hat das falsch aufgefasst ... Sie wissen schon ... Nu ... Sie verstehen doch ...«

»Ich versteh«, meint der Bewerber.

»Also«, fährt Tulpental fort, »ich geb doch meiner Tochter fünfzigtausend Mark mit ... 50 000 Mark, verstehn Sie ... Wegen dem kleinen Bankerott hab ich dann noch einen Verdruss gehabt ... Sechs Monat im Ganzen ... Wissen Sie, Sie gefallen mir ... ich werd meiner Tochter geben ... werd ich ihr mitgeben ... 60 000 Mark ...«

»Hm ...«, macht der Bewerber, »sechs Monat ...«

»Nu ...«, setzt Tulpental seine Bekenntnisse fort, »wie ich wieder bin rausgekommen, bin ich gewesen ein armer Mann ... Zum Glück hat gehabt erspart meine Frau 90 000 Mark ... und so hab ich wieder anfangen können Geschäfte ... Ich will Ihnen sagen ... gute Geschäfte ... darum will ich meiner Tochter mitgeben ... werd ich ihr mitgeben ... 70 000 Mark werd ich ihr mitgeben ...«

»Was für Geschäfte?«, fragt der künftige Bräutigam.

»Was für ...? ... So mit Offiziere ... Wechselchen ... mit Prozenten ... Wissen Sie ... ich werd die Mitgift für meine Tochter abrunden auf 75 000 ... 's hört sich schöner an ...«

»Hmm ...«, macht der junge Mann.

»Nu ... was soll ich Ihnen sagen ... ich hab gehabt wieder ein kleines Malheur ... Sie haben gesagt, dass solche Geschäfte sind Wucher ... Ich werd Ihnen also geben 80 000 Mark ... Man kann Geld brauchen heutzutage ...«

»Nu?«, brummt der junge Mann, »und wie lange?«

»Nein ... 85 000 werd ich Ihnen geben ... 85 Mil-le ... Ohne Damno ... Was haben Sie gesagt?«

»Wie lange?«

»Was heißt: Wie lange?«, wiederholt Tulpental ...
»Sie können sich denken ... der Staatsanwalt ein Antisemit ... die Richter ... Antisemiten ... und der Verteidiger war kein Verteidiger, sondern eine Got-tesstraf' ... Aber trotzdem ... mildernde Umstände haben sie mir doch geben müssen ... Wissen Sie was? ... Ich werd zulegen noch fünf Mille ...«

Der Bewerber schweigt.

»Also gut!«, schreit Tulpental. »Wenn Sie so sind ... 95 000 ... Gott ... wegen der drei Jahr Zuchthaus ... Machen wir 'n End' ... meinetwe-gen ... hunderttausend Mark ... 100 000 Mark ...«

Der junge Mann nickt.

»Und«, fragt Tulpental. »Was ist an Ihnen dran? Ich muss Sie doch auch kennenlernen ...«

»Was an mir ist?«, erwidert der Jüngling. »Ich werd Ihnen was sagen ... Ich nehm Ihre Tochter doch ... Nu können Sie sich schon denken, was an mir dran ist ...«

84

Ein Kaufmann, der eine sehr reiche Heirat gemacht hat, geht mit seiner Frau spazieren und begegnet einem Freunde, dem er sie vorstellt.

Die Frau ist aber so ausgesucht hässlich, dass der Freund sich nicht enthalten kann, dem jungen Ehemann zuzuflüstern:

»Weißte, Max, schön ist sie nich!«

»Nein«, sagt Max. »Schön ist sie nicht …«

»Und Zähne hat sie auch nich«, fährt der Freund leise fort.

»Nächste Woch'«, meint Max phlegmatisch, »wird sie welche kriegen …«

»Und schielen tut sie – nebbich!«, raunt der Freund.

Da wendet sich der Gatte zu ihm und sagt:

»Du kannst laut sprechen … Taub ist sie auch …«

⚜

Ein Schadchen führt einen jungen Kaufmann in die Familie einer jungen Dame ein, für die ein Bräutigam gesucht wird.

Als sie das Haus wieder verlassen, rühmt der Schadchen die Wohlhabenheit der Familie.

»Haben Sie gesehn die echten Teppiche?«, sagt er. »Haben Sie gesehn den kostbaren Schmuck, was die Mutter angehabt hat? … Und die ganze Einrichtung? Und den Schrank mit das viele schwere Silber?«

»Nu ...«, meint der junge Mann skeptisch. »Das können sich die Leute doch zusammengeborgt haben ...«

Da fällt ihm der Schadchen heftig ins Wort:

»Stuss! ... Die Leut' wird jemand was borgen!«

Es äußert jemand seine Unzufriedenheit mit seinem Schwiegersohn.

»Was haben Sie denn an ihm auszusetzen?«, wird er gefragt.

»Er kann nicht Karten spielen ...«, meint der Schwiegervater.

»Da sollten Sie doch froh sein, wenn er nicht Karten spielen kann«, erwidert man ihm.

»Wie heißt ... froh sein?«, gibt er zurück. »Er kann nicht Karten spielen ... aber er spielt trotzdem doch ...«

Moritz Neutitscheiner soll in die Familie seiner Zukünftigen eingeführt werden. Da dem Vermittler bekannt ist, dass sein Klient ein Lügner und Aufschneider ist, nimmt er ihn vorher ins Gebet und ersucht ihn dringend, sich zusammenzunehmen.

Neutitscheiner verspricht alles mögliche, aber der Schadchen traut ihm nicht recht, und sie verabreden Folgendes:

Moritz Neutitscheiner soll äußerst zurückhaltend sein und möglichst wenig sprechen. Wenn er aber das Wort ergreift, dann will der Schadchen ihm einen Fußtritt versetzen, der ihn an sein Versprechen erinnern würde. Und er – Moritz Neutitscheiner – solle dann »nur die Hälfte« von dem sagen, was er sagen wollte.

Im Hause der Auserwählten geht denn auch alles vortrefflich. Moritz ist ein netter Mensch und macht einen guten Eindruck; er hält auch Wort und spricht äußerst wenig.

Als der Fisch aufgetragen wird, kommt das Gespräch auf Fische, deren Zubereitung und Größe. Da hält es Moritz Neutitscheiner nicht länger.

»Ich hab einmal einen Hecht gefangen«, beginnt er, ... während zugleich der Fuß des Schadchens den seinen zu bearbeiten anfängt, ... »Ich hab einmal einen Hecht gefangen ... der war ... ich will nicht lügen ... (ein Fußtritt des Schadchens) ... der war schwer ... (der Schadchen tritt ihn immer heftiger) ... der war schwer ... fünfundsechzig und ein halb Pfund ...«

Großes Schweigen bei Tisch ... Dann geht man auf ein anderes Thema über.

Als Moritz mit dem Schadchen das Haus verlässt, macht ihm dieser heftige Vorwürfe:

»Sie haben mir doch versprochen, wenn ich Ihnen einen Tritt gebe, nur die Hälft' von dem zu sagen, was Sie sagen wollten ... Und doch haben Sie gesagt von dem Hecht: fünfundsechzig und ein halb Pfund ...«

»Was wollen Sie?«, gibt Neutitscheiner verwundert zur Antwort. »Das war doch schon die Hälft'...«

<hr />

Ein junger Mann kommt zu einem ihm bekannten Heiratsvermittler, um sich von ihm Vorschläge machen zu lassen.

»Erst muss ich Ihre Ansprüche kennen«, meint der Schadchen. »Was für Eigenschaften verlangen Sie von Ihrer künftigen Frau?«

»Erstens muss sie gebildet sein«, sagt der Heiratskandidat. »Sie muss können die Literatur ... und muss wissen Französisch zu sprechen ...«

»Schön ... was noch?«

»Dann muss sie sein aus einer hochanständigen Familie ... ja, und tugendsam muss sie sein ...«

»Schön ... alles da ...«, sagt der Schadchen. »Was noch?«

»Dann muss sie können spielen Klavier ...«

»Und weiter?«

»Weiter muss ihre Verwandtschaft tadellos sein ... Und gut kochen muss sie können ... und eine schöne Aussteuer muss sie haben ... und sehr reich muss sie sein ...«

Der Schadchen fällt ihm ins Wort:

»Mein lieber junger Mann ... wenn ein Mädchen alles das ist und alles das hat, was Sie wollen, dann müsste sie meschugge sein, wenn sie Sie heiraten würde ...«

Darauf der Heiratslustige:

»Meschugge darf sie sein ...«

Von Schluckern und Schelmen

Heiman Lazarus ist ein einfacher und rechtschaffener Mann, und er fühlt sich auf seine alten Tage umso zufriedener mit seinem Lose, als er in seinen Söhnen liebevolle Stützen seines Alters besitzt. Der Älteste ist ein viel beschäftigter Justizrat, der Jüngste, der noch unverheiratet ist und bei seinem Vater wohnt, hat eine gute Stellung bei einer Bank, beschäftigt sich aber in seiner freien Zeit mit literarischen und sonstigen Kunstangelegenheiten. Man kann nicht sagen, dass diese Liebhaberei dem Alten gefällt oder gar imponiert, denn er hat immer die geheime Angst, der Junge könnte seinem einträglichen Beruf untreu und »auch so'n Dichter« werden. »So'n Dichter«, wie er manchen als Freund seines Sohnes kennengelernt hat: ein Theaterläufer, Premierenfex und Nachtschwärmer.

Er sucht also seinen ganzen Einfluss geltend zu machen, um seinen Adolf von solchen Irrwegen abzubringen.

Eines Winterabends macht der junge Herr wieder Anstalt, eine Premiere im Lessingtheater zu besuchen.

»Nu«, brummt der Alte. »Was haste schon davon, Adolf, wenn du immer gehst in dies Lessingtheater?«

»Ja, Vater«, meint Adolf lächelnd. »Das ist ein Genuss für mich.«

»Ich versteh: ein Genuss. Aber wieso ist das ein Genuss? Das musst du mir einmal sagen.«

»Ja, das lässt sich nicht so erklären, Vater.«

»Wieso nich? Ich werd dir ja sagen, was ein Genuss ist ... Wenn ich so lieg' in mein kaltes Zimmer im Bett, und es ist mir schön und wohlig warm unter der Deck', verstehste – – und ich steck dann das Bein raus aus das warme Bett in das kalte Zimmer – – verstehste? – – und denn, wenn das Bein ist ordentlich kalt geworden – – verstehste, Adolf? – – wenn es ist kalt geworden und ich nehm's zurück in dem warmen, wohligen Bett – – – Das ist ein Genuss.«

———

Eines Tages macht der alte Heiman seinem Sohne Adolf milde Vorhaltungen über sein spätes Nachhausekommen. Er würde sich noch krank machen durch seine nächtlichen Vergnügungen und Cafébummeleien bis in die Morgenstunden hinein.

»Ich möcht nur wissen, Adolf, wo da der Verstand drin liegt? Warum tust du das überhaupt? Was haste davon?«

»Vater«, meint Adolf. »Wenn man, wie ich, ein moderner Mensch ist, will man sich doch ausleben, nicht?«

»Ausleben?!«, meint der alte Heiman verwundert. »Ausleben? Nu, warum sollst du dir nich ausleben? Ich leb mir doch auch aus. Aber wo steht denn geschrieben, dass man muss sich ausleben bei der Nacht? Leb dir aus bei Tag, und schlaf dir aus bei Nacht ...«

———

Kurze Zeit nachdem sich sein ältester Sohn als Rechtsanwalt etabliert hatte, wurde dem alten Heiman das Gerücht zugetragen, dass der Herr Doktor sich mit einem vermögenslosen Mädchen verloben wolle.

Er fühlt sich verpflichtet, ihn in seinem Büro aufzusuchen.

»Sally«, beginnt er, »sag mir gar nischt, ich hab schon alles gehört. Du willst dir verheiraten? Gut! Warum willst du dir aber mit ein armes Mädel verheiraten? Das möcht' ich wissen!«

»Na, das kannst du dir doch denken, Vater«, erwidert Sally lächelnd. »Ich hab mich eben verliebt.«

Heiman macht große Augen.

»Verliebt, sagste? Nu, warum sollste dir nich verlieben? Ich hab mir auch verliebt. Aber wo steht denn geschrieben, dass man muss sich verlieben in ein armes Mädel? Warum soll man sich nich können verlieben in ein reiches Mädel?«

Doktor Sally Lazarus hat für solche Vorhaltungen nur ein freundliches Lächeln. Manchmal lacht er sogar. Als es ihm jedoch einmal zu bunt wird, sagt er:

»Vater, ich verstehe nicht, weshalb du dir das so zu Herzen nimmst. Gerade du? Mutter hat doch auch gar kein Geld gehabt, und du hast sie trotzdem geheiratet.«

»Ja, Sally, das ist ganz was anderes«, gibt der Alte zur Antwort.

»Warum denn was anderes, Vater?«

»Nu, ich hab doch auch nischt gehabt ...«

Schließlich findet er sich darein, und schon bei der Verlobung befreundet er sich mit seiner Schwiegertochter, deren Schönheit ihm sehr zu Herzen geht. Später pflegt er zu sagen:

»Sagt nischt, sagt nischt! Mein Sally hat geheiratet nach dem Talmud. Dort steht geschrieben: Eine schöne Frau ist ein halbes Vermögen, und eine gute Frau ist auch ein halbes Vermögen ... Nu, das macht doch zusammen ein ganzes Vermögen ...«

Markus Zeiländer und Manasse Silberschütz, zwei armselige Hausierer aus der Kasimirvorstadt in Krakau, haben sich auf der Landstraße in der Nähe von Kalvaria getroffen und wandern, ihre Päcke auf dem Rücken, einträchtiglich ihrer Heimat zu. Unterwegs überrascht sie ein Gewitter, und sie sind gezwungen, in ein Bauernhaus am Wege einzutreten. Kaum sind sie unter Dach, als es zu hageln beginnt. Die beiden haben ihre Lasten im Flur abgelegt, sich darauf gesetzt und starren in das Unwetter hinaus.

Plötzlich sagt Markus Zeiländer:

»Weißte was, Manasse? Wenn ich möcht haben für jeden Hagelkorn, was da fällt jetzt vom Himmel runter, nur ein Gulden, dann möcht ich gewiss sein ein sehr schwerreicher Mensch.«

»Ja«, meint Silberschütz nachdenklich. »Und was möchste mir dann von deinem Geld schenken, Markus?«

»Was ich dir möcht schenken?«, fährt Zeiländer auf. »Nischt möcht ich dir schenken. Nich a Groschen, nich a roten Heller!«

»So ein schlechter Mensch möchste sein?«, meint Silberschütz traurig.

»Wie heißt schlechter Mensch?«, erwidert Markus. »Du kannst dir doch selber was wünschen.«

Der alte Minkus aus Mietschisko, einem Örtchen im Posenschen, kommt endlich einmal nach Berlin, um seinen Sohn, der hier ein reicher Bankier geworden ist, zu besuchen. Er wird natürlich mit allen Ehren aufgenommen, fühlt sich aber inmitten des ungewohnten Prunks, in diesen mit kostbaren Teppichen belegten Gemächern, in diesen Stuben, an deren Wänden allerlei ihm unverständliche Bilder hängen, und wo er hier einer Vasensäule, dort einer Bronzestatuette ausweichen muss, nicht recht behaglich. Er kann sich nicht klar darüber werden, wozu in aller Welt dergleichen nütze ist, spricht sich jedoch darüber nicht aus, weil er glaubt, dass dies seinen Sohn kränken würde. Wahrscheinlich muss es, denkt er, in Berlin so sein.

Am zweiten Tage nach seiner Ankunft sitzt er mit dem Bankier im Herrenzimmer bei einem reichen Frühstück, das der Diener serviert. Aber die Leckerbissen, die ihm vorgesetzt werden, sind ihm ungewohnt und verursachen ihm, da er sie überdies für nicht tadellos »koscher« hält, Widerwillen. Schließlich muss er kräftig ausspucken. Der Bankier runzelt die Stirn und gibt dem Diener ein Zeichen, worauf dieser auf die Stelle des persischen Teppichs, wohin Minkus seinen Speichel geschleudert, einen prunkvollen, zum Stil des Raumes passenden Spucknapf stellt. Als der alte Minkus zum zweitenmal ausspucken will, bemerkt er das herrliche Gefäß, wendet sich erschreckt nach der andern Seite und spuckt wieder auf den Teppich.

Der Diener beeilt sich, den Napf dorthin zu tragen.

Wieder muss Minkus ausspucken, und wieder bemerkt er zu seinem grenzenlosen Erstaunen das blinkende Gefäß. Da fasst er sich ein Herz und sagt zu dem Diener:

»Sie ... Sie ... das sag ich Ihnen ... wenn Sie das da nicht gleich wegnehmen, werd ich wirklich noch reinspucken ...«

Ein ungarischer Graf hat in seinem Dorfe unter anderen Juden auch zwei, die weit und breit als die schlimmsten Betrüger gelten.

Welcher von beiden aber der Schlauere ist, der Jossel Schreier oder der Pinkus Weißfisch, das hat noch niemand herausgebracht; nicht einmal der Rabbi des Dorfes kann das sagen.

In einer übermütigen Laune will der Graf die beiden Ehrenmänner auf die Probe stellen. Er lässt zunächst Jossel Schreier zu sich kommen, geht mit ihm in den Stall und schenkt ihm ein Pferd unter der Bedingung, dass er es an Pinkus Weißfisch verkaufen und diesen dabei ordentlich hereinlegen müsse.

»Ich hab zwar noch nie ein Geschäft gemacht mit dem Gauner«, sagt Jossel grinsend, »aber weil's Sie sind, Herr Graf, will ich's schon machen!«

Pinkus Weißfisch wird in den Schlosshof geholt, und während der Graf am Fenster steht und hinuntersieht, geht der Handel los. Nach kurzer Zeit scheint das Geschäft erledigt, und der Graf lässt Jossel zu sich rufen.

»Wie viel hast du dem verdammten Pinkus abgenommen?«, fragt er.

»Zwei Dukaten!«, antwortet Jossel und grinst.

»Was? So billig?«, ruft der Graf ärgerlich.

»Nu, Sie haben mir's zwar nicht gesagt, Herr Grof, aber wissen tun Sie's: Der Gaul ist dämpfig, und außerdem hinkt er. Ist nicht genug, dass ich Pinkus so reingelegt hab, dass er nischt davon gesehn hat?«

Jossel wird in Gnaden entlassen und Pinkus gerufen.

»Pinkus«, spricht ihn der Graf an. »Was hast du gezahlt für das Pferd?«

»Zwei Dukaten«, lacht Pinkus. »Für so ein herrschaftlich Pferd.«

»So! Aber der Jossel hat dich doch reingelegt!«

»Jossel? Mich? Wieso hat er mich reingelegt, Herr Grof?«

»Na, Pinkus, was bist du für ein Ochs! Der Gaul ist doch dämpfig und lahm, und du hast zwei Dukaten dafür bezahlt.«

»Oi … oi … oi …«, klagt Pinkus. Dann aber verklärt sich seine Miene und er sagt:

»Nu … auf alle Fälle hab ich ihm zwei falsche Dukaten gegeben!«

Zur Zeit Moses Mendelssohns lebte in Berlin ein
armer jüdischer Lehrer, den man wegen seiner Gelehrsamkeit in talmudischen Dingen und nicht zum
Wenigsten wegen seines gutmütigen Witzes gern zu
sich lud.

Freilich nicht, wenn größere Gesellschaft anwesend war. Denn der Lehrer hatte nicht die Mittel,
sich gut zu kleiden, und besaß überdies den Ehrgeiz,
sich nichts schenken zu lassen.

Nun wollte ihn ein Bankier, der eine Gesellschaft
gab, dabei haben, damit er die Gäste unterhalte. Er
ließ ihn also zu sich bitten und sagte:

»Mein lieber Jakobsohn, in so einem schlechten
Mantel, wie Ihr da tragt, könnt Ihr nicht zu mir
kommen.«

»Was?«, erwiderte Jakobsohn und lachte. »Glaubt
Ihr denn, ich hab nur den einen Mantel? … Ich
kann euch sagen, ich hab auch noch einen zweiten
Mantel zu Haus' …«

»Nu«, meinte der Bankier. »Warum zieht Ihr nicht
den an?«

»Ja«, antwortete Jakobsohn wehmütig, »der ist noch schlechter ...«

— ❦ —

Von demselben Jakobsohn wird folgende Geschichte erzählt:

Er unterrichtete seit fünfundzwanzig Jahren in dem Hause eines wohlhabenden Kaufmannes in hebräischer Sprache. Er hatte schon den Hausherrn in die Geheimnisse des Aleph-Beths eingeführt und tat jetzt das gleiche bei dessen Kindern.

Gleichsam zu seinem Jubiläum will ihm die Familie des Kaufmanns ein Geldgeschenk machen, aber da sie weiß, dass Jakobsohn eine Ehre dareinsetzt, sich nichts schenken zu lassen, denkt sie sich einen Plan aus, ihn zu überlisten. Es wird also, kurz bevor der alte Lehrer das Haus betritt, auf die Treppe, die er passieren muss, ein Beutel gelegt, in dem sich fünfzig harte Taler befinden. Man nimmt an, dass Jakobsohn den Beutel, den er unmöglich übersehen kann, aufheben und als ehrlicher Finder dem Hausherrn übergeben wird. Dann will man ihm das Geld wenigstens als Belohnung für seine Ehrlichkeit aufdrängen oder ihn sonstwie überreden, es zu behalten.

Pünktlich erscheint auch Jakobsohn, und er betritt das Zimmer, in dem sich die Familie versammelt hat, mit einem so glückseligen, verträumten

Lächeln in den Augen und um die Lippen, dass sich die Anwesenden zunicken, weil sie der Meinung sind, dass der Lehrer sich wirklich habe überlisten lassen. Da er aber nichts von seinem Funde erzählt, entschließt sich der Hausherr, ihn endlich zu fragen, was ihm denn Angenehmes widerfahren sei, dass er so vergnügt aussehe.

Da antwortet Jakobsohn:

»Wie sollte ich mich nicht freuen? Sind doch heute fünfundzwanzig Jahre, dass ich zu euch hier in dieses Haus komme! Und mein Brot bei euch verdiene! Nu, wie ich vorhin da unten am Haustor gestanden habe, habe ich mir gedacht: Fünfundzwanzig Jahre, habe ich mir gedacht, gehst du schon jeden Tag, Sommer und Winter, diese Treppe da rauf zu deinen Freunden … Und da willst du mal sehn, ob du kannst die Stufen heraufgehen blind … mit geschlossenen Augen … Und so bin ich raufgegangen die Treppe mit geschlossenen Augen … Und deshalb freue ich mich …«

Ein armer, gealterter Wanderrabbi hat nach langem Suchen und Betteln endlich bei entfernten Verwandten in Brody in Galizien einen Unterschlupf gefunden. Der Kaufmann Mordechai Goldenring will ihm eine Zeit lang Wohnung und Beköstigung gewähren; dann soll der alte, schwache Mann bei anderen Angehörigen ein Plätzchen suchen.

Es vergeht ein Jahr ... es vergehen zwei Jahre ... unser Rabbi tut trotz aller mehr oder weniger versteckten Anspielungen nichts dergleichen. Er drückt sich bescheiden in dem kinderreichen Hause, in dem es ihm gut geht, herum und sucht sich durch Unterricht und ungebetene Ratschläge nützlich zu machen, aber man ist seiner nun einmal satt und möchte ihn gern loswerden. Indes: Hinausweisen kann man ihn nicht, denn er gibt keinen Grund dazu, und hinausekeln lässt er sich nicht. Bemerkungen gegenüber, die darauf hinzielen, bleibt er einfach taub; er hört sie nicht.

Da verabredet Mordechai Goldenring eines Nachts mit seiner Frau einen Plan, wie man dem Alten beikommen könnte.

»Wenn du morgen«, sagt er, »die Suppe zu Tisch bringst, werd ich sie kosten und dann werd ich zornig werden und schreien, dass die Supp' ist so versalzen, dass man sie nicht kann essen. Verstehste? Dann wirst du sie kosten und schreien und auf mir schimpfen und sagen: Die Supp' ist überhaupt nicht gesalzen ... verstehste? ... Und dann werden wir dem Rabbi zum Schiedsrichter machen ... Verstehste? Und wenn er mir wird recht geben, wirst d u ihm rausweisen aus unser Haus ... wenn er aber dir wird recht geben, dann werd ich ihm nehmen und rausschmeißen! Hast du mir verstanden?«

Natürlich hat Frau Goldenring verstanden, und am nächsten Tage wird die Komödie, wie verabredet, zur Ausführung gebracht. Mordechai beschimpft sein Weib und dieses ruft alle Flüche des Himmels auf das Haupt ihres Gatten herab, während der alte Rabbi ruhig seine Suppe löffelt.

»Der Rabbi soll entscheiden!«, ruft Goldenring endlich.

»Ja, er soll sagen, wer recht hat: ich oder du?«, stimmt Frau Goldenring leidenschaftlich zu.

Mit einem Mal wird es ganz still bei Tisch, und das Ehepaar sieht den Rabbi erwartungsvoll an.

»Nu«, sagt der nach einer Weile des Nachdenkens. »Ich werd euch sagen, Kinder ... Für die paar Jahr, die ich noch bei euch bleib, ist die Supp' gerade gut so, wie sie ist ...«

Ein junger Offizier sitzt mit einem wohlansehnlichen polnischen Juden allein in einem Eisenbahnabteil, und es macht ihm Vergnügen, die treffenden Bemerkungen des Mannes wie seine drollige Redeweise zu hören. Zur Frühstückszeit entnimmt er dann seiner Handtasche einige Semmeln und ein Paketchen, das feingeschnittene Scheiben rosigen Schinkens enthält. Nachdem er das Papier auf seinen Knien ausgebreitet hat, bietet er artig seinem

Gegenüber einen Imbiss an. Aber der Jude lehnt mit der Begründung ab, dass das mosaische Gesetz den Genuss von Schweinefleisch verbiete.

Der Offizier, der schon zu essen angefangen hat, findet das ebenso komisch wie bedauerlich und fragt, ob es nicht doch Fälle gebe, in denen den Israeliten das Schweinefleisch erlaubt sei; er erhält die Antwort, dass nur unmittelbare Todesgefahr einem Juden gestatte, das Gebot zu übertreten.

Der Offizier isst ruhig weiter, plötzlich aber greift er in seine Revolvertasche, holt die Waffe hervor, setzt sie dem jäh zurückweichenden Juden auf die Brust und schreit ihn an:

»Mensch, essen Sie den Schinken oder ich schieße Sie tot!«

Mit zitternden Händen langt der so Bedrohte zu und verzehrt, nach und nach beruhigt, mit gutem Appetit die rosigen Scheiben.

Nachdem er fertig ist, entfernt der Offizier den Revolver und meint lächelnd.

»Na, hat es Ihnen wenigstens geschmeckt? Sie haben doch den Spaß verstanden?«

»Ob's geschmeckt hat!«, entgegnet der Jude.

»Und Sie nehmen mir doch den Scherz nicht übel?«, fährt der Offizier freundlich fort.

»Warum soll ich's Ihnen übel nehmen? Ich nehm Ihnen nur übel, dass Sie nicht schon mit dem Revolver gekommen sind, wie noch mehr da war von dem Schinken ...«

In den kleinen jüdischen Gemeinden der Provinz Posen, auch in Böhmen, Mähren und Galizien, bestand früher und besteht vielleicht heute noch die Einrichtung eines Schalentofens. Bekanntlich ist es den Frommen in Isreal nach dem mosaischen Gesetz verboten, am Sabbat Feuer zu machen; die für den Festtag bestimmten Speisen werden daher am Freitag zubereitet, in einen Topf getan und zum Tempeldiener gebracht, der das Gefäß zeichnet und in den Schalentofen stellt, in dessen gleichmäßiger Hitze es bis zum Mittag des Sabbats verbleibt. Um diese Zeit wird der Topf wieder abgeholt, und sein Inhalt kommt auf diese Weise warm auf den Tisch.

Die so vorbereiteten Speisen – gewöhnlich ein Gemisch von Bohnen, Gerstengraupe, Erbsen und dergl., in dem ein Stück fettes Räucher- oder Gänsefleisch mitschmort und dem Ganzen seine Würze mitteilt – sind natürlich, je nach dem Vermögen und der feinen Zunge der einzelnen Gemeindemitglieder, mehr oder weniger reich und wohlschmeckend.

In einem solchen Städtchen geschah es, dass mehrere Schalenttöpfe, deren mit Kreide angeschriebenen Zeichen sich verwischt hatten, vertauscht wurden. So hatte der arme Flickschneider Elias Funkenstein einen Schalent bekommen, wie er ihn in seinen kühnsten Träumen nicht geahnt hätte.

Als der köstliche Inhalt des Gefäßes in die Schüssel gestürzt wurde, begann es in dem armseligen Zimmerchen, in dem die zahlreiche Familie Funkenstein beisammensaß, lieblich zu duften nach geräucherten Gänsekeulen, Gänsefett und dergleichen guten Sachen. Auf den ersten Blick war zu merken, dass dies hier nicht der mit Rindertalg zubereitete Schalent eines Flickschneiders sein könne, sondern der eines reichen Mannes, der sich solch üppige Schwelgereien wohl leisten konnte.

Aber zu langen Erwägungen war keine Zeit; der durch die herrlichen Gerüche gesteigerte Appetit der Familie duldete keinen Aufschub, und so schob die Frau des Schneiders diesem die gesegnete Schüssel zu: denn der Hausherr hat sich immer zuerst zu bedienen.

Aber Funkenstein, der mit verklärten Mienen dasaß, griff nicht zu – vielmehr schob er die Schüssel seinem Weibe wieder zu und sagte:

»Von dem Schalent kannst du dir zuerst nehmen, Täubele.«

Täubele fühlte sich ordentlich geschmeichelt und füllte ihren Teller, gab auch den andern und begann, sich's schmecken zu lassen. Dann reichte sie ihrem Gatten die Schüssel zurück.

Nach einer Weile fragte sie:

»Sag mir doch, Elje, was biste heut so galant? Warum haste mir vor dir nehmen lassen von dem Schalent?«

Darauf Funkenstein freundlich:

»Werd ich dir sagen, Täubele! Wenn jenner, dem der Schalent hier eigentlich gehört, nebbich unsern Schalent vor sich hat, wird er doch gewiss sagen: ›Wer meinen Schalent gekriegt hat, soll ersticken am ersten Bissen‹ ...«

Moses Labiner bringt ein Stück Tuch nach Hause. Er will sich einen Kaftan machen lassen. Die Familie bewundert den Stoff, der auf dem Tisch ausgebreitet liegt, untersucht ihn auf seine Feinheit, betastet ihn usw.

Auch der kleine Itzig wird herbeigerufen, um seine Meinung abzugeben über Vaters neuen Festrock.

Sofort dreht er den Stoff um und betrachtet dessen Rückseite.

»Itzigl«, sagt der alte Labiner und lacht. »Itzigl, das ist die verkehrte Seit ... Was bist du dumm ...«

»Wieso dumm?«, meint der Knabe. »Ich krieg'n doch erst, wenn er wird gewendet ...«

Markus Leblowitsch aus Tarnow hat die letzte Pariser Weltausstellung besucht, und erzählt, heimgekehrt, seiner Frau von den Herrlichkeiten, die er gesehen, besonders aber davon, wie schrecklich teuer das Leben in der französischen Hauptstadt gewesen sei.

»Da bin ich gekommen«, sagt er, »in eine koschere Restaurant und hab mir geben lassen eine Suppen. Was glaubst du, hat sie gekostet?«

»Wenn viel«, meint die Frau, »zwanzig Kreuzer!« Leblowitsch lacht.

»Was du denkst! Nach unsern Geld hab ich bezahlt für die Suppen ein Gulden und fünfzig Kreuzer ... Dann hab ich mir geben lassen ein Braten ... So ein gewöhnlichen Braten, wie bei uns möcht kosten höchstens dreißig Kreuzer. Was meinst du haben mir die französischen Gauner dafür abgenommen?«

»Nu, was werden sie dir schon abgenommen haben? Ein Gulden.«

»Stuss!«, sagt Leblowitsch ärgerlich. »Drei Gulden und fünfundsiebzig Kreuzer ... Dann hab ich gegessen ein Mehlspeisen. Nu rat mal, was sie für den Mehlspeisen verlangt haben?«

»Werden sie verlangt haben ... wenn viel ... werden sie verlangt haben ... sechzig Kreuzer ...«

»Da möcht ich noch nicht ein Wort sagen«, erwidert Leblowitsch. »Aber ich hab müssen bezahlen zwei Gulden und zwanzig Kreuzer. Was sagst du jetzt?«

»Ich sag«, jammert Frau Leblowitsch, »ich sag, dass es eine Sünde ist, die Menschen so zu berauben, und dass es eine Sünde ist, so viel zu bezahlen … Und ich versteh dir nich, Leblowitsch, dass du es hast über dein Herz bringen können, das Geld zu geben …«

»Nu«, meint Leblowitsch ruhig. »Geben hab ich schon müssen. Aber wie ich bin draußen gewesen aus das Restaurant und steck so meine Händ' in die Taschen … Was tut Gott? … Find ich drin ein halb Dutzend silberne Löffel.«

Nachts hat eine Krankenschwester am Lager eines schwer leidenden Patienten im jüdischen Hospital gewacht. Als am nächsten Morgen der Arzt kommt und die Pflegerin fragt, wie der Kranke die Nacht zugebracht habe, antwortet sie mitleidig:

»Ach Gott, der Arme! Er hat eine sehr schlechte Nacht gehabt. Bis zwei Uhr hat er sich unruhig herumgewälzt. Dann hat er angefangen zu fantasieren und war kaum im Bette zu halten. Der Arme! Und erst gegen Morgen hab ich ihn beruhigen können …«

Für die nächste Nacht hat an Stelle der ruhebedürftigen Schwester ein Krankenwärter die Pflege des Patienten übernehmen müssen.

Am folgenden Morgen fragt ihn der behandelnde Arzt nach dem Verhalten seines Pflegebefohlenen.

»Nun, wie war's, Löwenberg?«

Und Löwenberg:

»Spaß! Hab ich eine Nacht gehabt!«

⁂

In der Klinik des vor einigen Jahren verstorbenen berühmten Berliner Chirurgen Bardeleben befand sich auch ein jüdischer Mann aus Russisch-Polen, der den Professor stets mit »Herr Barde« ansprach. Als der große Arzt ihn eines Tages etwas unwirsch fragte, weshalb er ihn denn nicht »Bardeleben« nenne, meinte der Pole verschämt: »Ech trau mir noch nich!«

Bardeleben bat sich aus, dass der Patient ihn bei seinem vollen Namen nenne oder diesen ganz weglasse und nur »Herr Professor« zu ihm sage.

»Wollen Sie das tun, Herr Kerschbaum?«, fragt er dann.

»Und wie gern, Herr Professorleben«, antwortet der Kranke.

⁂

Kerschbaum liegt auf dem Operationstisch und wird narkotisiert.

Er hat schon zu zählen aufgehört und liegt ganz regungslos da.

Professor Bardeleben trägt, ehe er das Messer ansetzt, seinen Studenten die Krankengeschichte des Mannes vor und schließt mit den Worten:

»Die Eltern des Patienten sollen übrigens leben und gesund sein ...«

Da setzt sich Kerschbaum plötzlich auf und sagt lebhaft:

»Sie auch, Herr Professorleben! Sie auch, und Ihre Kinder und Kindeskinder ...«

***

Ein jüdischer Mörder soll hingerichtet werden. Er wird aus dem Gefängnis zum Richtplatz geführt. An seiner Seite ist der Rabbiner, während vor ihm der Scharfrichter geht.

Auf dem Wege in den Hof, wo das Todesurteil vollzogen werden soll, schimpft der Delinquent in den wildesten Ausdrücken auf den Henker.

»Du Mörder!«, ruft er ihm nach. »Du Gauner! Du Schinder! Gott soll dich strafen! Platzen sollste.«

»Koppel«, unterbricht ihn der Rabbi endlich. »Warum beschimpfst du ihn? Er muss doch seine Pflicht tun! Nicht er ist schuld daran, dass dein Leben verwirkt ist. Du darfst ihn nicht schmähen..«

»Warum darf ich nich? ... Warum darf ich nich? ...«, fährt der Verurteilte den Rabbi an ... »Was kann er mir schon machen? ... Und wenn er sich ärgert ... Nu, dann soll er mir nich köppen ...«

Ein anderer Mörder, ein früherer Kaufmann, erhält kurz vor seiner Hinrichtung den Besuch des Rabbiners.

Dieser betritt die Zelle mit den Worten:

»Mein Sohn, ich komme zu dir als Diener Gottes ...«

»Nu, was wollen Sie?«, sagt der Verurteilte. »In einer Stund werd ich doch mit Ihrem Chef sprechen ...«

Unweit von Prepburg in Ungarn lebte ein Landhausierer, namens David Schulklopper. Er war ein gottesfürchtiger Mann, aber nicht mit Weisheit gesegnet.

Die Juden des Dorfes sagten von ihm, er sei in der Wiege vertauscht worden und eigentlich gar nicht der richtige David Schulklopper, während die Bauern eine große Genugtuung darüber empfanden, dass es auch dumme Juden auf der Welt gebe und dass sie das Glück hätten, das allerdümmste Exemplar dieser seltenen Art ihr eigen zu nennen. Zu dieser Überzeugung waren sie gekommen, als sie eines Tages wahrnahmen, dass David seinen Warenkasten, den er immer bei sich trug, mit einem doppelten Schlosse versah: als ob es nicht viel leichter gewesen wäre, den ganzen Kasten zu stehlen als ihn aufzubrechen. Sie meinten, er hätte das getan, weil er in seiner Einfalt glaube, er selbst könnte in Versuchung kommen, seinen Kasten zu bestehlen. Denn bei all seiner Dummheit war er sehr misstrauisch.

David hatte eine Frau und drei Kinder. Von der Frau wusste man nicht genau, ob sie schon vor ihrer Verheiratung so einfältig gewesen, oder ob sie es erst durch den Umgang mit ihrem Manne geworden war. Genug, auch Frau Schulklopper war nicht mit Weisheit gesegnet.

David zog die Woche über mit seinem Kasten durch die Dörfer. Am Freitagabend kehrte er mit dem Gelderlöse wieder zurück, feierte den Sabbat mit den Seinen, um am Sonntag die Arbeit von Neuem anzufangen.

So ging das Jahr um Jahr in der gleichen Weise. Die Familie konnte, wenn auch in Armut, so doch immerhin leben in ihrer kleinen Hütte, die am Ende des Dorfes, hart am gräflichen Park gelegen war.

Nun waren aber – nach einer Missernte und einem harten Winter – schwere Zeiten gekommen für den

Hausierer. Die Bauern hatten kein Geld und machten keine Einkäufe. Es gab keinen Verdienst, und immer trost- und geldloser, immer sorgenvoller und gedrückter kehrte David von seinen Wegfahrten heim. Seine Frau hatte schon die zwei Ziegen verkauft, die sie im Laufe der Jahre sich angeschafft, aber auch dies half ihnen nicht auf. Es wollte nicht besser werden.

Am meisten grämte sich David Schulklopper, dass diese Not gerade jetzt über ihn hereinbrach, da das Osterfest vor der Tür stand, an dem er sein Weib und seine Kinder mit neuen Kleidern zu beschenken pflegte und seine Hütte in Ordnung brachte. Auch konnte er sich in diesen Tagen einmal in behaglicher Ruhe satt essen.

Darauf sollte er nun Verzicht leisten.

Er und seine Frau zerbrachen sich den Kopf, was sie tun könnten, um am Osterfeste nicht bittere Not leiden zu müssen, denn bei den Glaubensgenossen im Dorfe zu betteln, dazu war David zu stolz.

Eines Nachts weckte das Weib den schlafenden Mann.

»Was mir da eingefallen ist, David!«

»Nu, was wird dir sein eingefallen?«

»Es ist mir eingefallen: Der Einzige, was uns kann helfen, ist Gott!«

»Recht hast du«, meinte David schlaftrunken. »Gott kann helfen. Aber wie kommt man zu Gott?«

»Siehst du«, sagte die Frau vorwurfsvoll. »Das weißt du nicht, weil du von Gott nie nicht was hast haben wollen. Die anderen Leut, die wissen gewiss, wie man an Gott kann herankommen, wenn man was braucht.«

»Was wird man brauchen? Protektion wird man brauchen«, brummte David bekümmert.

»Nu, du kannst doch fragen die Leut, wie sie sind ran gekommen an Gott, wenn sie haben was gebraucht.«

»Werd ich fragen«, erwiderte David ganz aufgeregt, indem er sich in seinem Bette aufsetzte. »Werd ich fragen, hernach werden sie doch sagen: Wenn David Schulklopper fragt, wie man kommt ran an Gott, will er doch was von Gott. Will er was von Gott, dann brauch er was von Gott. Wie schlecht muss es gehn David Schulklopper!«, werden sie sagen. »Werd ich noch verlieren den ganzen Kredit.«

Frau Schulklopper versank aus lauter Bewunderung für ihres Mannes Scharfsinn in tiefes Schweigen. Nach einer Weile sagte sie ganz schüchtern:

»Ich hab mir gedacht, du möchtst an Gott schreiben 'n Brief! Gott sei Dank, kannst du doch schreiben!«, fügte sie mit einem gewissen Stolze hinzu.

Der Mann starrte sie an.

»Nu«, fuhr sie etwas zuversichtlicher fort, »du hast doch immer alle seine Gebote gehalten und was er befohlen hat in dem heiligen Buch. Warum soll er dir nicht helfen, wenn er wird wissen, dass es dir geht schlecht?«

David Schulklopper dachte eine Weile lang nach. Dann leuchtete es in seinen Augen auf. Seine Frau aber sagte:

»Und was möcht es Gott schaden, wenn er uns möcht helfen?«

David war hierin völlig der Meinung seiner Frau.

Die beiden setzten sich allsogleich hin und verfassten gemeinsam den Brief an den lieben Gott. Darin stand bis auf den Kreuzer genau ausgerechnet, was und wie viel sie zu den Osterfeiertagen haben müssten. David versicherte, dass er, »ein armer und gemeiner Mann«, es nicht gewagt haben würde, »seine Hochehrwürdigen« und »Hochwohlgeboren« zu belästigen, aber die Not sei zu groß! Er beschwor ferner, dass die angegebene Summe von 27 Gulden und 83 Kreuzern das Alleräußerste sei. In Anbetracht dessen, dass der »hochwohlgeborene Herr Gott« so vielen Menschen helfen müsse und so viel Geld ausgebe, hätten sie sich bei ihren Wünschen auf das Notwendigste beschränkt. Eine Haube für die Frau Schulklopper und ein Paar neue Stiefel für David hätten sie aus diesem Grunde sich schon versagt. Die alten könnte man »mit Gott seiner Hilfe« vielleicht doch noch einmal sohlen lassen. Sie schlossen mit der Versicherung ihrer Untertänigkeit und vielen Grüßen sowohl an »Seine Hochehrwürden« selbst wie an ihre verstorbenen Eltern und wiesen bezüglich der Art, wie ihnen die Hilfe zukommen sollte, auf Gottes Allwissenheit hin.

Es war eine höchst mühsame Arbeit gewesen, aber als der Tag anbrach, war sie vollendet, und David nahm das Blatt, faltete es zusammen und warf es durchs Fenster ins Freie. Als es lustig davonflatterte, seufzte das Ehepaar erleichtert auf.

Plötzlich begann David Schulklopper zu wehklagen. Es fiel ihm schwer aufs Herz, dass er es gewagt hatte, sein Bittgesuch ohne den Gesuchstempel – den königlich ungarischen natürlich – abgeschickt zu haben. Er wusste aus Erfahrung, dass die hohe Behörde in solchen Dingen keinen Spaß verstand.

❧

Nun geschah es in der Frühe desselben Tages, dass der Graf in seinem Parke lustwandelte. Wie er die schön gepflegten Wege des Gartens abschritt, wehte ihm der Morgenwind ein gefaltetes Papierblatt vor die Füße. Er hob es auf und sah es angefüllt mit fremden, ihm ganz rätselhaften Schriftzeichen. Seine Neugier war geweckt, und er ließ allsobald den Pfarrer rufen. Dieser indes vermochte nur zu sagen, dass es wohl hebräische, wenn auch sehr ungelenke Buchstaben wären. Der Rabbi werde wahrscheinlich in der Lage sein, das Schriftstück zu entziffern.

Der Rabbi wurde herbeigeholt. Nachdem er das Blatt durchgelesen, begann er zu lachen und von David Schulklopper zu erzählen, der in kindlichem

Gottesglauben bei der Allmacht ein schriftliches Unterstützungsgesuch eingereicht habe.

»Heda«, rief der Graf seinen zwei Panduren zu. »Holt mir mal diesen David Schulklopper!«

———

Zitternd, Demut in allen Gliedern, näherte sich der Hausierer den Herren. Das Erscheinen der gräflichen Panduren in seiner Hütte und das barsche Auftreten dieser Allgewaltigen schienen ihm nichts Gutes zu bedeuten. Er erwartete nichts anderes, als dass irgendein Strafgericht über ihn loswettern werde, und er schätzte dieses Strafgericht auf fünfundzwanzig Stockhiebe: Weniger gabs überhaupt nicht, wenn in jenen Tagen ein Jude vor die hohe Obrigkeit zitiert wurde.

»Du host geschrieben Brief an lieben Gott?«, begann der Graf zu examinieren.

»Ja, Euer Gnaden, Herr Grof!«, antwortet David zusammenzuckend. Das Fehlen des Stempels lag ihm schwer auf der Seele.

»No, fürcht dir nicht, dummer Kerl! Bist ganz braves Mensch, du! Will dir holt nur sagen, dass hat Gott deinen Wunsch erfüllt. Er hat mir« – dabei zog der Graf seine Brieftasche und entnahm ihr eine Geldnote – »Gott hat mir ... hol mich der Teixel ... diesen Fünfziggulden-Schein für dich geschickt – – – Da!«

David Schulklopper sah den Grafen, den Pfarrer und den Rabbi an und begann sich zu betasten, als wollte er sich überzeugen, dass er wache. Dann richtete er sich hoch auf. Sein Gesicht war gerötet. Mit zitternden Händen griff er nach der Banknote, betrachtete sie von allen Seiten und steckte sie langsam in die Tasche. Dann öffnete er den Mund, sah die drei Herren noch einmal an und gewahrte, dass sie lächelten. Hierauf drehte er sich um und entfernte sich.

»Dummer Kerl«, sagte der Graf lachend. »Hat sich doch wenigstens können bedanken!«

<hr />

Als David Schulklopper in die Nähe seiner Hütte kam, stürzte ihm sein Weib mit den heulenden Kindern entgegen.

»Nu, is dir nichts geschehn?«, rief die Frau. »Haben sie dir gelassen dein Leben?«

»Was soll mir sein geschehn?«, gab David etwas mürrisch zur Antwort. »Nichts ist mir geschehn. Gott hat dem Grof Geld geschickt für mich, und der Grof hat mir gegeben das Geld … Fünfzig Gulden!«

»Fünfzig Gulden!«, schrie Frau Schulklopper auf. »Gott sei gelobt und gedankt! Fünfzig Gulden!«

Aber David schien nicht besonders glücklich auszusehn.

Um so enthusiastischer war seine Frau.

»Und du bist ihm zu Füßen gefallen«, rief sie. »Hast dem Grof geküsst die Händ?«

»Wieso Händ geküsst?«, murrte David. »Wieso Händ geküsst? Gott hat ihm geschickt für mich das Geld, und er hat mir gegeben das Geld. Was hab ich zu küssen die Händ?«

»Aber fünfzig Gulden – – –«, wollte die Frau einwenden.

»Fünfzig – – fünfzig – – fünfzig Gulden«, murrte David Schulklopper. »Wer weiß, wie viel der Grof hat verdient bei dem Geschäft!«

Von allerlei
närrischen Leuten

Die Prager Judengemeinde wollte einen neuen Rabbiner wählen, denn der alte, berühmte Gelehrte, der in dieser Stellung gewirkt hatte, war gestorben. Wieder sollte es ein im ganzen Judentum durch sein Wissen, durch seinen Charakter angesehener Mann sein, womöglich der angesehenste, und so wandten sich die Vorsteher an den Rabbi von Pressburg in Ungarn, einen Gelehrten, den hohe Weisheit ebenso auszeichnete wie feines Wesen und ein gutes Herz. Er erklärte sich auch bereit, die ihm angebotene Stellung anzunehmen, aber nur für den Fall, dass seine Wahl einstimmig erfolge, dass nicht ein einziger Widerspruch gegen ihn sich erhebe. Man glaubte ihm, dies zusichern zu dürfen, aber bei der Abstimmung zeigte es sich, dass ein Mann, der Flickschneider Mendele Fleckseif, mit der Wahl des neuen Rabbi nicht einverstanden war. Man versuchte es, ihm klar zu machen, wie töricht sein Widerspruch sei. Umsonst – er blieb bei seinem: »Ich will ihm nicht!« Man drang in ihn, einen Grund für sein Verhalten, durch das die ganze Gemeinde bloßgestellt werde, anzugeben. Umsonst – er hüllte sich in Schweigen. So peinlich die Sache war, sie musste dem Rabbi von Pressburg mitgeteilt werden. Die Vorsteher, die zu ihm reisten, erzählten ihm den Vorfall, fügten aber hinzu, dass Mendele Fleckseif, der Flickschneider, ein närrischer Mensch wäre, dessen Widerspruch in dieser für die Prager Gemeinde so wichtigen Angelegenheit nicht die geringste Bedeutung haben dürfe; sie beschworen den Gelehrten, trotz dieser ablehnenden Stimme, die die eines Narren sei, zu ihnen zu kommen, und er entschloss sich endlich, ihnen nachzugeben.

Kaum war der feierliche und glanzvolle Empfang des neuen Rabbiners beendet, als dieser sich erkundigte, wo Mendele Fleckseif wohne. Er ließ sich dann hingeleiten und betrat bald darauf allein die armselige Behausung des Flickschneiders, der bei seiner Arbeit saß.

»Mendele Fleckseif«, sagte der Gelehrte gütig zu dem unscheinbaren Männchen, das sich erhoben hatte und verlegen vor ihm stand. »Mendele Fleckseif, was habt Ihr denn eigentlich gegen mich?«

»Was soll ich haben?«, erwiderte der. »Gar nichts hab ich gegen euch. So wahr mir Gott helfen möge, Herr Rabbiner!«

»Ja«, meinte dieser erstaunt, »weshalb habt Ihr da als Einziger von allen gegen mich gestimmt, Mendele Fleckseif?«

Der kleine Flickschneider lächelte und reckte sich auf.

»Nu ... werd ich euch was fragen, Herr Rabbiner!«

»Fragt immerzu.«

»Nu … hättet Ihr, der hoch berühmte Mann in Israel, jemals etwas gehört und gewusst von dem armen Mendele Fleckseif in der Judengass von Prag, wenn ich euch meine Stimm hätt gegeben so glatt wie die andern?«

Der Viehhändler Lewi kommt nachts in einem kleinen hessischen Städtchen an und verlangt in dem Hotel, in dem er gewöhnlich absteigt, ein Zimmer für die paar Stunden, die er zu verweilen gedenkt, denn am frühen Morgen muss er mit dem ersten Zuge weiter fahren.

Der Gastwirt bedauert, seinen alten Kunden nicht aufnehmen zu können, denn der Fürst, der sich auf der Jagd befinde, habe mit seinem ganzen Gefolge im Hotel Wohnung genommen und es sei auch nicht ein einziges Zimmer frei. Aber Lewi bittet so lange, ihn irgendwo unterzubringen, dass der Wirt sich an den Leibjäger des Fürsten wendet, in dessen Stube wenigstens noch ein zweites Bett steht. Der Leibjäger hat nichts dagegen, dass Lewi sich dort schlafen legt.

Nach einigen Stunden wird der Viehhändler geweckt. Es ist noch finster, und er kleidet sich in größter Hast im Dunkeln an und eilt zum Bahnhof.

Der Zug ist noch nicht da. Lewi, der sich etwas unbehaglich fühlt, geht im mattbeleuchteten Wartesaal auf und ab, als aber sein Blick in den Spiegel fällt, bleibt er höchst erstaunt stehen. Denn er erkennt sich nicht. Denn da, wo er stehen sollte, er, der Viehhändler Lewi, steht ein Mann in der Uniform des Leibjägers.

Er betastet sich rechts, er betastet sich links – das Bild im Spiegel ändert sich nicht. Er fasst sich an den Kopf, zwickt sich in den Arm, um sich zu überzeugen, dass er wache. Kein Zweifel, er träumt nicht, er wacht. Da sagt er wütend:

»So ein Schuft, der Wirt … so ein Nichtsnutz … Mich hat er wecken sollen … und weckt richtig dem Leibjäger!«

***

Drei Berliner Eierhändler – sie stammen alle fast ausschließlich aus Galizien – sitzen eines Nachmittags im Börsencafé und spielen ihre Klabriaspartie. Plötzlich fallen einem von ihnen, Jakob Lemberg, die Karten aus der Hand, er selbst sinkt zurück und zu Boden. Ein Schlaganfall hat, wie der schnell herbeigerufene Arzt feststellt, seinem Leben ein jähes Ende bereitet. Er ist tot.

Seine Mitspieler beraten, wie sie der armen Frau Lemberg, die von dem Vorgefallenen keine Ahnung hat, die Nachricht beibringen könnten, ohne sie zu sehr zu erschrecken. Es sei doch Menschenpflicht, ihr in schonendster Weise den Tod ihres Gatten mitzuteilen. Endlich übernimmt Wolf Gerson diese Aufgabe und begibt sich zu der Witwe, die er im Laden antrifft.

»Wie geht's, wie geht's, Frau Lemberg?«, begrüßt er sie. »Viel zu tun? Was machen die Geschäfte?«

Sie habe keine Ursache sich zu beklagen, meint die Frau, aber dass ihr Mann sie jeden Nachmittag allein lasse und in Berlin herumspaziere, anstatt im Laden zu helfen, das kränke sie.

»Herumspazieren tut er gerade nich, Frau Lemberg«, meint Wolf Gerson. »Ich darf's Ihnen ja sagen, liebe Frau. Wissen Sie was? Er hat drei Stunden im Kaffeehaus gesessen, und was hat er gemacht? Karten hat er gespielt …«

»Karten?«, schreit Frau Lemberg empört. »Drei Stunden lang Karten? Da soll ihn doch gleich der Schlag treffen, den Taugenichts!«

Und Wolf Gerson fällt ihr ins Wort:

»Schon gemacht!«

Nehemias Willichfort aus Tarnopol besucht seinen Sohn, der in Wien Medizin studiert und ein moderner, deutscher Mensch geworden ist.

Der Student zeigt seinem Vater alles, was schön ist in der Kaiserstadt, schleppt ihn in die Museen, in die Galerien, in die Theater und macht schließlich auch einen Ausflug auf den Kahlenberg. Dort besteigen sie die Stephanie-Warte, von wo aus man Wien und das Donautal in all ihren Herrlichkeiten überschauen kann.

Von dem wunderbaren Anblick hingerissen, sagt der junge Mann entzückt:

»Sieh nur, Vater, wie's da unten ist so schön..!«

Darauf brummt Nehemias Willichfort:

»Nu, wenn's so schön ist da unten, was schleppste mir da herauf?«

***

Ein anderer Tarnopoler hat ebenfalls seinen Sohn in Wien besucht. Dieser ist in einem großen Modewarengeschäft als Kommis in Stellung. Als der Vater wieder zu Hause ist, wird er von seinen Bekannten nach dem Ergehen des Sohnes befragt.

»Spaß!«, meint er. »Mein Sohn! Ihnen gesagt, in was für ein Geschäft er arbeitet! Eine große, berühmte Firma ist das! Vielleicht zwanzig Kompagnons gehört das Geschäft. Man kann sich gar nicht alle merken.«

»Und wie heißt die Firma?«, wird er gefragt.

Der Alte zieht ganz stolz einen Zettel aus der Tasche seines Kaftans und liest, wie da aufgezeichnet ist:

»So heißt sie: Modes, Robes, Ruches, Peluches, Dentelles de Bruxelles*, Pineles und Kompagnie ...«

Wieder ein anderer, ein Dorfjude, ist vom Besuche seines in Wien lebenden Sohnes, der sich als Dichter einen Namen gemacht hat, in seine Heimat zurückgekommen und erzählt Wunderdinge von dem Ansehn und dem Ruhm seines Kindes.

»Schön«, sagen seine staunenden Zuhörer, »aber was ist er, was hat er für'n Geschäft?«

»Was soll er sein? Ein Dichter ist er«, meint der Alte etwas unsicher.

»Ein Dichter! Was ist das, ein Dichter?«

»Nu, was soll das schon sein? Ich will euch erklären. Zum Beispiel: Bei Moses Weißtuch ist die Kuh aus'm Stall herausgelaufen, und er will seiner Tochter Schappse sagen, sie soll sie fangen. Nu, Weißtuch«, wendet er sich an den, »wie möchste ihr das sagen?«

»Ich möcht ihr sagen ... Schappse, möcht ich ihr sagen, krieg du die Kuh zu fassen und bind sie an ein Strick ...«

Der Dichtervater fällt ihm ins Wort:

»So möchtest du sagen. Wenn du aber ein Dichter sein möchst wie mein Sohn, dann möchteste

* nicht französisch, sondern buchstabengetreu auszusprechen.

auch sprechen wie ein Dichter. Und du hast nicht gesprochen wie ein Dichter.«

»Und wie möcht das dein Sohn sagen?«, fragt Weißtuch.

»Ganz einfach: ›Schappse – – Chappse*!‹ … Das ist ein Dichter!«

Tiefe Stille der Bewunderung. Endlich sagt Weißtuch:

»Und davon kann er leben?«

Das Dichterproblem beschäftigte die Dorfjuden, die noch immer nicht begriffen, was der berühmte Mann in Wien eigentlich treibe, lange Zeit, und der Vater des Poeten musste ihnen immer wieder die Sache erklären. Endlich glaubte er das Richtige gefunden zu haben. Er sagte zu Weißtuch:

»Die Hauptsache bei dem Dichten ist, dass bei die Zeilen hinten alles gleich ist. Zum Beispiel, wenn ich sag:

›Weißtuch, deine Schwester …
Ist die krumme Esther‹

… so ist das ein Gedicht …«

»Aber ’s ist doch nich wahr!«, fährt Weißtuch auf.

* Chappse = Fange sie!

127

»Aber gleich ist es!«, erwidert der Vater des berühmten Poeten mit Genugtuung.

Nach einer Weile sagt Weißtuch:

»Spaß, ist das 'ne Kunst, das Dichten! Das kann ich auch.«

»Nu, probier doch, Weißtuch!«, ermuntert ihn der andere.

»Schön! So werd ich sagen:

›Weil du hast geprahlt mit dein Sohn …
Soll dich treffen der Schlag.‹

… Nu?«

»Aber das ist doch nicht gleich!«, schreit der also Besungene entrüstet.

Darauf Weißtuch, indem er die Achseln zuckt:

»Nu, ich hab doch nicht gesagt, dass es muss gleich sein …«

Vor einem Berliner Gerichtshof wird ein unbedeutender Straffall verhandelt. Unter den Zeugen befindet sich ein alter, etwas einfältiger Mann, der aus Krotoschin in Posen stammt und von der jüdischen Gemeinde regelmäßige Unterstützungen dafür bezieht, dass er zu den wochentägigen kleinen Morgen- und Abendandachten in der Synagoge erscheint. Zur Abhaltung eines Gottesdienstes nach jüdischem Ritus ist nämlich eine aus zehn Männern bestehende Versammlung (Minjeh genannt) notwendig,, und es hat sonst in Berlin seine Schwierigkeiten, an Werktagen diese zehn Leute zusammenzubringen.

Die Vernehmung beginnt, und der Vorsitzende des Gerichtshofs fragt den Zeugen: »Wie heißen Sie?«

»Lauter!«, antwortet der Mann.

Der Vorsitzende ist der Meinung, dass der Zeuge taub sei, beugt sich über den Tisch und ruft mit erhöhter Stimme: »Wie heißen Sie?«

Der Mann aus Krotoschin sieht den Präsidenten an und schreit ebenfalls:

»Lauter, Herr Gerichtshof!«

»Herr Referendar Rosenbaum«, sagt der Vorsitzende ungeduldig, indem er sich an den Schriftführer der Verhandlung wendet, »bringen Sie doch aus dem Zeugen heraus, wie er heißt.«

Herr Rosenbaum verlässt seinen Platz, nähert sich dem Manne und brüllt ihm, aus seinen Händen ein Schallrohr bildend, ins Ohr: »Wie ist Ihr Name?«

Der Zeuge sieht auch den Referendar erstaunt an, schüttelt den Kopf und erwidert endlich: »Nu, ich heiß doch Lauter!«

Der Vorsitzende lächelt, der Referendar Rosenbaum schmunzelt und die Parteien kichern.

»Also, Sie heißen Lauter«, nimmt der Vorsitzende das Wort. »Und wie ist Ihr Vorname, Lauter?«

»Leiser«, gibt Lauter zur Antwort.

Jetzt schüttelt der Vorsitzende den Kopf und wendet sich wieder an den Referendar mit der Frage, was der Zeuge eigentlich meine, aber dieser kommt Herrn Rosenbaum zuvor und sagt etwas beleidigt:

»Nu, Herr Gerichtshof, was soll ich meinen? Ich heiß doch Leiser Lauter. Das ist mein Name.«

Damit ist die Sache zu allseitiger Heiterkeit im Klaren und der Vorsitzende fährt fort:

»Wie alt sind Sie, Leiser Lauter?«

»Wie alt?«, brummt er verdrießlich. »65 … bis hundert Jahr!«

Der Präsident fasst sich an den Kopf und will wieder die Geduld verlieren.

»Gestatten Sie mir, die Frage zu stellen?«, fragt der Referendar Rosenbaum den Präsidenten. Dieser nickt.

»Also, Herr Lauter, sagen Sie mal … wie alt sind Sie … bis hundert Jahr?«

Der alte Lauter lächelt befriedigt und antwortet:

»Fünfundsechzig, Herr Rosenbaum, fünfundsechzig.«

»Also schön«, meint der Vorsitzende, der wohl Lauters Auskunft, aber nicht die Frage seines Schriftführers verstanden hat. »Und was ist Ihr Beruf? Was sind Sie, Leiser Lauter?«

»Was ich bin? Minjeh-Mann bin ich.«

»Schon wieder so was!«, murmelt der Vorsitzende. »Was ist das für'n Ding, ein Minjeh-Mann?«

»Nu, was soll es schon sein?«, entgegnet Lauter verdrossen. »Es ist das: Wenn neun Männer beisammen sind, und ich komm dazu, dann bin ich der Zehnte ...«

Der Vorsitzende zuckt die Achseln.

»Ach was!«, sagt er unwirsch. »Wenn neun Männer beisammen sind, und ich käme dazu, wäre ich auch der Zehnte. Dann wäre ich ja auch ein Minjeh-Mann?«

Leiser Lauter drückt ein wenig die Augen zusammen, sieht den Sprecher ganz eigentümlich an und sagt dann schmunzelnd:

»Sie ... nicht, Herr Gerichtshof ... Aber der Herr Referendar Rosenbaum ...«

Falk Schwersenzer in Bromberg ist ein kleines, einfältiges Jüdchen, das sich mühsam durch den Ein- und Verkauf von alten Kleidern, Knochen, Lumpen und dergleichen durchs Leben schlägt. Seide spinnt er bei seinen Geschäften nicht, denn er ist nicht nur einfältig, sondern auch sehr gutmütig und lässt sich von jedermann übers Ohr hauen.

Dieser Falk Schwersenzer gewinnt nun auf ein Zehntel der Nummer »48« in der preußischen Lotterie, die er zum allerersten Male spielt, den Haupttreffer und ist mit einemmal ein reicher Mann.

Dass der Dumme das Glück hat, ist auch in Bromberg der Trost jener, die kein Glück haben und sich deshalb für klug halten, aber dieser Fall ist doch so merkwürdig, dass man Falk Schwersenzer fragt, wie er dazu gekommen ist, ausgerechnet die Nummer »48« zu spielen, die er sich noch dazu erst aus Berlin beschaffen musste, denn in Bromberg war das Los nicht zu haben gewesen.

»Nu«, sagt er bescheiden, »ich hab gehabt einen Traum von Gott. Ich hab geträumt in der Nacht, dass ich seh in ein Gesicht die sieben fetten Kühe aus der Schrift. Und ich seh sie, hab ich geträumt, sechsmal. Sechsmal die sieben! Sechsmal die sieben! Versteht Ihr? Nu? Und sechsmal sieben ist doch achtundvierzig …«

Kiwe Aspis, der Fuhrunternehmer und Frachtenkutscher einer kleinen Stadt in Westgalizien, wird auf seine alten Tage schwerhörig und begibt sich zum Arzt, der ihn und seine Art sehr wohl kennt.

»Aspis«, sagt er zu ihm. »Ihr ganzes Leiden kommt nur vom Branntwein. Wenn Sie aufhören werden, zu trinken, werden Sie wieder hören wie früher. Schnaps ist Gift für Sie, also lassen Sie ihn. Sonst ist Ihnen nicht zu helfen.«

Einen Monat später trifft der Doktor seinen Patienten, der gerade vom Sabbatgottesdienst aus der Synagoge kommt. Er hält ihn an und schreit ihm ins Ohr:

»Na, wie geht's mit dem Hören?«

»Was schreien Sie?«, sagt Kiwe beleidigt. »Glauben Sie, ich hör nicht? Ich hör ganz gut.«

»Na, also«, meint der Arzt befriedigt. »Sie haben das Trinken aufgegeben, das ist schön von Ihnen, Aspis.«

Einige Wochen darauf begegnet der Doktor wiederum seinem Kranken und spricht ihn mit gewöhnlicher Stimme an:

»Na, hören Sie noch immer gut?«

»He?!«, macht Aspis. »Ich versteh nich. Was haben Sie gesagt?«

Dabei hält er die Hand vor dem Ohre.

»Sie sind also wieder taub!«, brüllt ihn der Arzt an.

Kiwe Aspis nickt ergeben.

»Zum Donnerwetter! Da trinken Sie wohl wieder Ihren verdammten Branntwein?«, schreit der Doktor.

»Ob ich trink!«, entgegnet Kiwe und lacht verlegen.

»Es ist wohl nicht gut, wenn Sie hören?«, höhnt der Arzt.

Darauf Kiwe Aspis, indem er sich den grauen Kopf kratzt:

»Oi … hören ist schon gut … aber Schnaps ist besser …«

—•—•—

Auf die Dauer empfindet Kiwe Aspis doch die Taubheit als einen schweren Schaden, und er geht wiederum zum Doktor. Jetzt erklärt er sich zwar bereit, das Trinken zu lassen, aber ganz und gar kann er es doch nicht tun. Dazu fühlt er sich nicht stark genug.

»Gut«, sagt ihm der Doktor. »Ein Gläschen Schnaps will ich Ihnen schon erlauben. Alle Morgen, wenn Sie an die Arbeit gehn, dürfen Sie ein Gläschen trinken. Aber nur eins! Mehr unter keinen Umständen. Sonst steh ich für gar nichts.«

»Gut!«, meint Aspis betrübt. »Werd ich also trinken jeden Morgen nur einen Schnaps, wenn's nich anders geht.«

Damit will er sich entfernen. Aber der Arzt, der seinen Mann kennt, ruft ihn zurück, holt aus seinem Spind ein kleines Likörgläschen heraus und sagt:

»Aspis! Größer darf aber das Gläschen nicht sein als dieses.«

Der Patient nickt, hebt den Zeigefinger und droht dem Doktor:

»Oi ... Sie Spaßmacher!«

Eines Morgens steht der Arzt zufällig vor dem Häuschen seines Patienten, als dieser am offenen Fenster sein Frühstück zu sich nimmt. Er beobachtet ihn dabei, ohne selbst gesehen zu werden, und nimmt wahr, dass Aspis dem ersten Gläschen Branntwein, das er sich zu seinem Zwiebelbrot gönnt, nach einer kleinen Weile mit Andacht ein zweites folgen lässt. Da tritt er ans Fenster und ruft:

»Was fällt Ihnen ein? Eins ist genug für jeden Menschen.«

Darauf Kiwe Aspis, der ein wenig zusammengefahren ist:

»Werd ich Ihnen was sagen, Herr Doktor. Wenn ich hab getrunken ein Glas Branntwein, bin ich ein anderer Mensch ... Und ein anderer Mensch will doch auch trinken einen Schnaps ...«

⁂

Am Sabbatnachmittag sitzen die jüdischen Leute von Großwardein in Ungarn beisammen und erzählen sich von gefahrvollen Abenteuern, die sie auf ihren Reisen bestanden haben, und wie Gott ihnen in ihrer Not geholfen.

Da ergreift Koppel Bamberg das Wort und berichtet:

»Wie ich bin einmal gewesen in Polen, war ein großer Schnee. Und wir sind gefahren mit einen Schlitten auf einen Berg rauf. Und wie wir sind gewesen auf der höchsten Spitze von dem Berg, ist der Schlitten gekommen ins Rutschen, und die Pferde haben den Schlitten nicht aufhalten können und sind mitgerutscht schnell wie ein Blitz den steilen Berg runter. Auf einmal sind wir gewesen auf einer weiten Fläche, ganz voll mit Schnee. Da hat der Kutscher gesagt: »Weh«, hat er gesagt. »Wir sind geraten auf dem gefährlichen, großmächtigen See!« … Und kaum hat er das gesagt gehabt, ist mit einem schrecklichen Gekrach wie ein Donner das Eis von dem See geborsten und der Schlitten, die Pferd' und wir alle, was wir auf dem Schlitten sind gewesen, sind gefallen tief herunter bis auf den Grund von dem See …«

Die andern haben mit angehaltenem Atem gelauscht.

»Nu«, fragt einer endlich, als Koppel Bamberg keine Miene macht, weiter zu erzählen, »und wie habt Ihr euch gerettet?«

Koppel wird etwas verlegen.

»Gerettet?«, sagt er endlich. »Und wie gerettet! Denn was tut Gott? … Die ganze Geschichte ist nix wahr …«

Der alte Elkan Zuckerfarb besteigt in Krakau mit einer Fahrkarte für die zweite Klasse ein Abteil der ersten und macht es sich recht bequem, denn er ist da allein. Er stopft seine lange Pfeife, entzündet sie, lehnt sich behaglich zurück, nachdem er noch seinen feinen Atlaskaftan ausgezogen hat, und streicht seinen langen, weißen Bart.

Bei der Revision des Zuges wird er entdeckt, und der Beamte macht ihm Vorhaltungen darüber, dass er mit einem Billet zweiter Klasse die erste benütze.

»Was wollen Sie von mir?«, sagt er beleidigt. »Ich kann mir doch, wenn ich schon zweite Klass' bezahl', nicht gleich setzen in der dritten Klass'?«

Ein paar Stationen weiter hat er sich wieder glücklich in ein leeres Coupé erster Klasse geschmuggelt. Darin bleibt er, von niemand gestört, bis zur mährischen Station Prerau. Dort herrscht große Aufregung, denn der Fürsterzbischof von Olmütz soll den Zug besteigen, um nach Wien zu reisen, und es muss für ihn ein Abteil erster Klasse freigemacht werden. Bei dieser Gelegenheit findet man Zuckerfarb, der ruhig seine lange Pfeife raucht.

»Sie müssen da raus!«, ruft ihm der Beamte zu. »Das Coupé ist für den Herrn Bischof reserviert!«

»Bischof? … Bischof?«, gibt Zuckerfarb paffend zurück und ordnet sich seine Schläfenlocken. »Nu, wer sagt Ihnen, dass ich bin kein Bischof?!«

»Wie geht's Ihnen?«, wird der kleine Lehrer Mendel Fass in Prag gefragt.

»Nu, wie soll's mir gehen?«, antwortet er trübselig.

»Was macht Ihre Frau?«

»Nu, was soll sie machen?«

»Und Ihre Kinder? Gesund?«

»Wie sollen sie nicht gesund sein?«

»Verdienen Sie jetzt wenigstens was?«

»Nu, was soll ich schon verdienen?«

»Jetzt sagen Sie mir aber eines, Herr Fass! Warum antworten die Juden, wenn sie befragt werden, immer wieder mit einer Frage?«

Mendel Fass denkt nach. Endlich spricht er:

»Nu, warum sollen sie nicht antworten mit einer Frage?«

Dávid Goldwasser, der Spaßvogel eines westgalizischen Städtchens, liegt im Sterben, und man lässt zehn Männer holen, die an seinem Bette die Totengebete verrichten sollen. Kaum haben sie angefangen, als David aus seiner Bewusstlosigkeit erwacht und mit matter Stimme fragt, was da vorgehe. Verlegen antwortet einer der Frommen, dass man im Begriffe gewesen sei, die Sterbegebete zu sprechen. Da verziehen sich David Goldwassers Mienen zu einem Lächeln, und er sagt ärgerlich:

»Ihr Narren … Sterben werd ich schon … aber drängen lass ich mir nich …«

Sammel Fischteich und Falk Schirokauer, zwei Auswanderer aus Russisch-Polen, vertreiben sich auf dem Schiffe während ruhiger Fahrt auf See die Zeit dadurch, dass sie auf Deck spazieren gehn und einander allerlei Rechen- und sonstige Aufgaben für ihren Scharfsinn aufgeben.

Eines Abends sagt Fischteich zu Schirokauer, der gerade nicht als besonders klug gilt:

»Hör mal zu, Schirokauer, werd ich dir geben auf a schwere Rachnung; wenn du die Rachnung wirst herausrachnen, will ich dir geben … fünfzig Kopeken werd ich dir geben …«

»Nu, und wie is die Rachnung, Sammel?«, fragt Schirokauer.

»Hör gut zu! A Schiff, wie unser Schiff, ist lang … sagen wir … ist lang hundertundsiebenundachtzig Meter … Verstehste?«

»Ich versteh … 187 Meter … weiter …«

»… Und ist breit … das Schiff ist breit … sagen wir … breit ist es dreiundsiebenzig und dreiviertel Meter … verstehste?«

»Warum soll ich nich verstehn? Lang ... 187 ... und breit 73¾ ... Nu, und weiter?«

»Wenn a Schiff ist so lang und so breit ... Wie alt is der Kapitän?«

»Wie alt der Kapitän is?«

»Ja, das sollst du rausrachnen ... Aber weißte was, Falk! Ich hab dir schon gesagt, die Rachnung ist schwer. Ich geb dir also Zeit bis morgen früh ... Du kannst nachdenken die ganze Nacht ...«

Am nächsten Morgen treffen sich die beiden wieder und Falk Schirokauer fragt Sammel Fischteich:

»Wie lang und wie breit ist gewesen das Schiff in deine Rachnung?«

»187 Meter lang ... und 73¾ breit ... Und wie alt ist der Kapitän?«

»Der Kapitän ist alt«, antwortet Schirokauer bedächtig. »Ist alt zweiundfünfzig Jahr und drei Monat ...«

Fischteich sieht ihn erstaunt an.

»Wie hast du das rausgerachent?«, fragt er gespannt.

»Rausgerachent?«, gibt der andere zurück. »Ich hab'n gefragt ...«

<hr>

Während der Fahrt bricht einmal ein schwerer Sturm los. Die Auswanderer jammern und beten, und ihr Wehgeschrei vermischt sich mit dem Brausen der Wogen.

Auch Fischteich kommt jammernd auf Deck gestürzt und ruft um Hilfe und Rettung.

Falk Schirokauer, der ruhig geblieben ist, geht auf ihn zu.

»Was schreiste, Sammel? ... Was schreiste so fürchterlich?«, fragt er.

»Was soll ich nich schreien«, klagt Fischteich, »wenn das Schiff geht unter?«

»Nu«, sagt Falk Schirokauer, »is es dein Schiff?«

Zu einem reichen Wiener Bankier kommt ein armer Mann und klagt ihm seine Notlage.

»Herr Baron«, sagt er. »Sie können sich gar nicht vorstellen, wie schlecht es mir geht. Mein Vermögen hab ich verloren ... Dann ist mir meine Frau gestorben und ich steh da mit sieben Kindern ohne einen Bissen Brot ... Aber das möcht noch gehn ... Wenn die Kinder nicht krank wären ... Das Älteste hat Scharlach und ich hab kein Geld auf Medizin, das Zweite ist gestern von der Treppe gefallen und hat sich gebrochen die Beine ... und schreit den ganzen Tag vor Schmerzen ... das Dritte sag ich Ihnen ... das Dritte erst ...«

Der Bankier ist tief gerührt. Tränen sind ihm in die Augen getreten. Während der Bittsteller weiter

spricht und vom vierten und fünften Kinde die trau-
rigsten Dinge erzählt, drückt der Bankier auf den
elektrischen Knopf, und als sein Diener erscheint,
ruft er ihm unter Schluchzen zu:

»Jean, schmeiß ihn raus ... er bricht mir's Herz ...«

Während der Messe in Leipzig lädt ein Großkauf-
mann zwei seiner polnischen Geschäftsfreunde zum
Abendbrot in sein Haus. Es sind ganz respektable
Leute, aber sie haben die unangenehme Gewohnheit, sich jeden Augenblick irgendeine Körperstelle
zu reiben und zu kratzen. Der Kaufmann macht sie
aufmerksam, dass dies in der feinen Gesellschaft, die
sich bei ihm versammeln werde, peinlich auffallen
würde, und er bittet sie, sich zu bezwingen, was ihm
versprochen wird.

Sie benehmen sich auch ganz manierlich und
wissen sogar durch manche kluge Rede, durch manchen Witz, den sie zum Besten geben, die Unterhaltung zu beleben.

Plötzlich fühlt Berel Tischeboff eine unbezwingli-
che Lust, sich zu kratzen, und um das unauffällig
tun zu können, beginnt er seinem Nachbar zu erzählen:

»Ich sag Ihnen ... ich hab einen Vetter, das ist ein
getaufter Mann ... und als ein Getaufter ist er ge-

worden General in der russischen Armee. Was glauben Sie, was für eine Uniform er hat ... Hier oben ... (er fasst seine Achsel an und reibt sie kräftig) ... hier oben solche Epauletten ... und da ... (er kratzt sich mit beiden Händen seine Brust) ... zwanzig Orden ... und an den Beinkleidern ... ich sag Ihnen, an den Beinkleidern ... (er streicht und kneift sich seine Oberschenkel) ... breite rote Streifen ...«

Sein Landsmann, der ihm gegenübersitzt, sieht alle diese Manöver. Und hat er sich bisher nur mit größter Mühe beherrscht, so wird jetzt die Sehnsucht, sich zu kratzen, ganz unbezwingbar in ihm. Er hält es einfach nicht aus. Deshalb ergreift er, als Tischeboff eine Pause macht, das Wort:

»Und ich hab einen Vetter«, sagt er, »der ist zwar kein General, sondern ein Kaufmann ... Er hat keine Epauletten (er kratzt sich die Schultern) ... er hat keine Orden ... (er bearbeitet seine Brust) ... er hat keine roten Streifen an den Beinkleidern ... (er reibt sich die Oberschenkel) ... Das alles hat er nicht ... aber ... (hier kratzt er sich mit beiden Händen den Kopf) ...aber Sorgen hat er ... Sorgen.«

Es ist am Jom Kippur, dem »langen Tag« der Juden, eine schöne Sitte, dass Leute, die miteinander in Feindschaft gelebt haben, sich versöhnen, ehe der

143

Gottesdienst in der Synagoge beginnt. Wenn sie sich zu diesem Ende nicht in ihren Geschäften oder Häuslichkeiten besucht haben, so erwarten sie einander in der Vorhalle des Tempels. Dann bitten sie sich um Verzeihung, reichen sich die Hände und umarmen und küssen sich.

So erwartet auch Mechel Schöngut seinen erbittertsten Gegner Jossel Fenchelsamen, und als dieser herbeikommt, geht er auf ihn zu, sieht ihn scheu an und reicht ihm die Hand. Dabei sagt er:

»Mein lieber Jossel Fenchelsamen … Ich hab dir manches Unrecht und manchen Verdruss zugefügt … und du hast dasselbe an mir getan … Aber heute, wo wir vor Gott treten, heute am Versöhnungstag, wünsch ich dir … wünsch ich dir, was du … mir wünschest …«

Da fährt Fenchelsamen auf:

»Fangste schon wieder an?«

Herr Kohnfeld kommt in sein Stammrestaurant und nimmt an einem unbesetzten Tische Platz.

Nach einer Weile erscheint der Kellner mit der Speisenkarte. Herr Kohnfeld schiebt sie aber beiseite und sagt:

»Moritz, bringen Sie mir erst eine Nudelsuppe … dann bringen Sie mir grüne Bohnen mit Hering, Moritz … und dann bringen Sie mir … bringen Sie mir Sauerbraten mit Preißelbeeren ... und zuletzt bringen Sie mir ... bringen Sie mir zuletzt ... Apfelspeise ...«

»Herr Kohnfeld«, ruft der Kellner erstaunt. »Wie wissen Sie unser ganzes Menü auswendig?«

»Stuss! Auswendig!«, brummt Herr Kohnfeld. »Ich seh doch 's Tischtuch ...«

Siegfried Katz fährt mit seinem Freunde Leubuscher nach Paris, muss aber ein paar Tage länger dort bleiben als sein Freund, der schon öfter in der französischen Hauptstadt gewesen war und dort Bescheid weiß.

Als Leubuscher wegfährt, fragt ihn Katz, wie er es anstellen könne, um am nächsten Tage nach der Rue de Rivoli zu kommen, wo er geschäftlich zu tun habe.

»Das ist doch ganz einfach«, sagt Leubuscher. »Wo die Große Opera ist, weißt du doch. Gut! Du stellst dich also vor die Große Opera und gehst dann auf den Erstbesten zu und grüßt: ›Bonjour, monsieur!‹ und dann sagst du: ›Monsieur, je ne sais pas, où est la rue de Rivoli?‹ Das musst du dir merken! Jeder wird dir dann zeigen, wo die Straße liegt.«

Siegfried Katz wiederholt die ganze Nacht hindurch die zwei französischen Phrasen, und am nächsten Tage tut er so, wie Leubuscher ihm angegeben. Da er aber nicht den Mut hat, den Erstbesten anzusprechen, wartet er, bis ein halbwegs jüdisch aussehender Mann vorüberkommt.

Auf diesen geht er zu, lüftet den Hut und sagt: »Bonjour, monsieur ... Je sais ... où est ... la rue de Rivoli ...«

Der so Angeredete sieht Simon Katz einen Moment verblüfft an und sagt dann unwillig:

»Nu ... wenn Sie's wissen, machen Sie sich einen Schabbes davon!«

In einer Privatirrenanstalt befindet sich seit einigen Tagen ein jüdischer Kantor, der sich im Ganzen sehr ruhig verhält. Er ist fromm und verrichtet jeden Morgen die vorgeschriebenen Gebete.

Als der erste Sabbat anbricht, verlangt der Mann, dass man ihm »koscheres«, d. h. nach dem jüdischen Ritus hergestelltes Essen gebe. Man will ihm das in sanfter Weise ausreden, aber mit aller Heftigkeit eines Irren besteht er darauf, indem er schreit, dass er »treifene«, d.h. anders zubereitete Speisen, am heiligen Sabbat nicht anrühren werde.

Der Arzt muss sich entschließen, den sonst harmlosen Kranken mit einem Wärter in ein jüdisches Restaurant zu schicken, wo er sich sättigt.

In die Anstalt zurückgebracht, geht der Patient im Garten spazieren. Dabei raucht er mit großem Behagen eine Zigarre, was den frommen Juden am Sabbat bekanntlich verboten ist, da das mosaische Gesetz es auf das Allerstrengste verpönt, an diesem Tage Feuer anzuzünden.

Wie er so rauchend auf und ab geht, begegnet ihm der Arzt, der verwundert stehn bleibt.

»Lilienfeld«, sagt er zu ihm. »Ich versteh Sie nicht ...«

»Wieso verstehn Sie mich nicht, Herr Doktor?«, fragt der Patient paffend.

»Koscher wollen Sie durchaus essen aus lauter Frömmigkeit ... aber dann zünden Sie sich an Ihrem Sabbat seelenvergnügt eine Zigarre an ...«

Darauf erwidert Lilienfeld gemütlich:

»Nu ... wozu bin ich meschugge?«

David Hirsch Pergamenter ist der reichste Mann in Rzeszow in Galizien. Er darf es sich leisten, sein Töchterchen in ein berühmtes Erziehungsinstitut der Schweiz zu schicken und sie dort zu einer modernen Dame heranbilden zu lassen.

Nach zwei Jahren kehrt Fräulein Nina ins Vaterhaus zurück: schöner und zarter als früher, ein feines Wesen, das wegen seiner Bildung, seiner vornehmen Erscheinung und seiner gemessenen Art im Verkehr vom ganzen Städtchen angestaunt, von den Familienmitgliedern aber außerordentlich bewundert wird.

Eines Mittags, als die Familie Pergamenter bei Tische sitzt und speist, muss der Hausherr niesen. Die Tischgesellschaft ruft ihm ihre Wünsche zu. »Helfgott!« ... »Zur Genesung!« ... »Zur Gesundheit!« ... wie das so üblich ist.

Nur Fräulein Nina tut nichts dergleichen; sie schweigt und kümmert sich nicht darum, dass der alte Herr an ihrer Seite sie verwundert ansieht. – – »Vielleicht hat sie in ihren Gedanken nicht gehört, dass ich geniest habe«, denkt er, und um ihr Gelegenheit zu geben, den Wunsch nachzuholen, setzt er sich in Positur und niest noch einmal, und zwar besonders kräftig ... Wieder rufen ihm die Anwesenden ihre Wünsche zu, nur Nina, die flüchtig aufblickt, hüllt sich in Schweigen.

Der alte Pergamenter stößt seine Frau an und bringt ein lang gezogenes, fragendes »Hmmm?« heraus. Darauf schüttelt Frau Pergamenter, während die anderen Nina wegen solcher Respektlosigkeit missbilligend anstarren, den Kopf und flüstert ihrem Gatten zu:

»Sie ist in Gedanken ... hat gewiss nischt gehört ... Nies noch einmal ...«

David Hirsch niest diesmal so gewaltig, dass Fräulein Nina zusammenfährt. Sie blickt auf, sieht den alten Herrn strafend an, zieht die Brauen zusammen und sagt endlich:

»Und wenn du platzt, Papa, sag ich nicht ›Helfgott‹ ... Es ist nicht mehr Mode ...«

Der alte Jankel Turteltaub zieht noch immer durchs Land, den Kasten mit den Kurzwaren, mit schönen bunten Zopfbändern, Halstüchelchen, Fingerhüten, Nadeln und all dem Kram für die Bauernfrauen auf dem Rücken und dem Sack für den Einkauf von Fellen und dergleichen über der Schulter. Freilich macht er keine großen Touren mehr, aber auf seinem Wege in die nächsten Dörfer muss er durch einen großen Wald, in dem – so geht das Gerücht – seit einigen Tagen Räuber hausen sollen.

Auf Bitten und Drängen seiner Familie soll sich Jankel einen Revolver mitnehmen, damit er sich gegen die Räuber schützen könne.

Die Waffe wird ihm gebracht.

»Gut«, sagt er. »Und wenn ich schon hab den Pistol ... Wer wird schießen?«

Von den Schnorrern

Simson Baumöl ist von seiner großen Schnorrtour, die er alljährlich unternimmt und die ihn bis an den Rhein hinab führt, nach Tarnow heimgekehrt und berichtet anhand genauer Aufzeichnungen seiner Frau über die Abenteuer und die Ergebnisse seiner Fahrten: Wie viel er da bekommen und dort »gemacht« hat usw.

Er ist sehr zufrieden mit seinen Einnahmen, denn er hat jetzt wieder auf ein Jahr zu leben und kann sich's wohl sein lassen. Da er aber seine Listen überblickt, verdüstert sich mit einem Mal seine Miene. Er schnälzelt mit der Zunge gegen den Gaumen, zieht die dicken Augenbrauen zusammen und erhebt ein Jammern.

»Was haste auf einmal?«, fragt ihn seine Frau bestürzt.

»Ei weh!«, gibt er zur Antwort und schlägt die Faust gegen die Stirn. »Jetzt seh ich das erst!«

»Was siehste, Simson?«

»Ich seh«, klagt er, »ich seh, dass ich, wie ich gewesen bin in Frankfort, nicht gegangen bin zu Rothschild. Ich hab vergessen zu gehn zu Rothschild, wo ich bekomm in jeden Jahr fünf Taler. Ei weh, ei weh!«

»Nu«, sagt sein Weib tröstend, »du hast viel Geld nach Haus gebracht, Baumöl, schenk dem Rothschild diesmal die fünf Taler …«

Da fährt Simson Baumöl zornig auf:

»Schenken soll ich ihm! … Wer schenkt mir?«

Auf seiner Bettelreise war Baumöl auch nach Berlin gekommen. Hier suchte er unter andern auch einen Bankier heim, den das allzusichere und selbstbewusste Auftreten des Bittstellers verdross. Er stellte ihn deshalb zur Rede.

»Wenn man schon schnorrt, muss man sich anständig benehmen. Man kommt doch nicht ins Zimmer mit der stinkenden Pfeife und mit dem Hut auf dem Kopf. Und man verlangt nicht das Almosen, sondern wartet bescheiden, bis man was kriegt.«

»Lieber Herr«, unterbricht Baumöl den zornigen Redestrom und lächelt mitleidig, »schnorren werd ich bei Ihnen lernen!«

Von einem reichen Wiener Israeliten bezieht ein armer Mann jeden Monat fünf Gulden. Das Geld wird ihm gewöhnlich im Geschäftskontor von einem Buchhalter übergeben.

Als der arme Mann wieder einmal vorspricht, händigt ihm der Beamte nur drei Gulden ein.

Er bleibt ruhig stehen, und als der Buchhalter ihn fragt, was er noch wolle, antwortet er:

»Sie müssen sich geirrt haben ... ich bekomm doch immer fünf ...«

»Ja«, meint der Beamte, »das hat jetzt aufgehört ...«

»Warum ... aufgehört?«

»Sehn Sie ... der Herr Kommerzialrat hat vor Kurzem seine älteste Tochter verheiratet ... da hat er viel, sehr viel Ausgaben gehabt, wie Sie sich doch denken können ... die Mitgift und das andere ... Sie werden also einsehn ...«

»Ja ... ja ...«, brummt der Beschenkte, »sagen Sie dem Herrn Kommerzialrat, ich lass ihm alles Gute wünschen, aber wenn er wieder eine Tochter verheiratet, soll er sie mit seinem Geld verheiraten, nicht mit meinem ...«

Einem durch seine Wohltätigkeit bekannten Berliner Bankier wird ein alter blinder Mann zugeführt.

Er erhält eine größere Gabe, aber sein Begleiter macht keine Miene, sich zu entfernen.

»Was wollen Sie denn noch?«, fragt der Bankier etwas ungeduldig.

»Wo bleib ich?«, gibt der Mann murrend zurück ... »Ich hab doch noch nischt bekommen ...«

»Wieso ... Sie?«, staunt der Bankier.

»Nu ... ich hab Ihnen doch den Blinden zugeführt ...«

Ein polnischer Schnorrer hat in einem Berliner Mietshause ganz besonderes Pech gehabt. Er hat nach Bettlerart in der obersten Etage zu betteln angefangen, ist hier aber abgewiesen und, weil er nicht weichen wollte, die Treppe hinabgestoßen worden. Genauso ist es ihm in den unteren Etagen gegangen. Vor der Tür empfängt ihn sein Genosse, der inzwischen die andere Straßenseite abgeschnorrt hatte.

»Nu, was haste ›gemacht‹?«, fragt er ihn.

»Spaß! Gemacht! Von dem vierten Stock haben se mir geschmissen in den dritten, von dem dritten in den zweiten, von dem zweiten in den ersten und von dem ersten ganz raus ...«

Darauf der andere:

»Heißte Ordnung in dem Haus!«

Ein Schnorrer hat ein Hemd geschenkt bekommen. Nachdem er es in der Herberge angelegt hat, fühlt er sich so außerordentlich wohl, dass er das Ereignis mit einem zweiten Schnorrer besprechen muss.

»Wenn ich möcht sein ein reicher Mann«, sagt er, »möcht ich mir anziehn so'n Hemd wenigstens jedes Vierteljahr frisch.«

Der andere lacht ihn aus:

»Chammer (Esel), was du bist! A reicher Mann zieht an jeden Monat ein frisch Hemd. Ob du's glaubst oder nicht.«

Der Schnorrer wundert sich mächtig.

»Jeden Monat?«, sagt er. »Kann man das? Wie oft muss dann a sehr reicher Mann ein frisch Hemd anziehn?«

»A sehr reicher Mann zieht ein frisch Hemd gewiss alle vierzehn Tag an ...«

»Alle vierzehn Tag? ... Spaß ... Und wie oft mag ein Graf anziehen ein frisch Hemd?«

»A Graf? Nu, alle acht Tag ...«

»Und ein Fürst erst?«

»A Fürst? Alle Tag ...«

»Und a Kaiser? Sag mir, wie oft mag a Kaiser anziehn ein frisch Hemd?«

»A Kaiser ... zieht an ein frisch Hemd alle Stund ...«

»Nu ... und Rothschild?«

»Rothschild? ... Rothschild ... zieht an ... zieht aus ... zieht an ... zieht aus ... zieht an ... zieht aus ...«

»Wenn ich möcht Geld haben von Rothschild«, sagt ein Schnorrer gedankenvoll zu seinem Wandergenossen in träumerischer Stimmung, »wenn ich möcht haben das Geld von Rothschild, möcht ich sein viel reicher wie Rothschild ...«

»Wieso«, fragt der andere erstaunt. »Wieso möchste sein reicher?«

»Nu«, meint er ernsthaft, »ich möcht weiter schnorren auch ...«

Neue Folge:

Das Buch
der
jüdischen Witze

Vorwort

Hier ist nun das zweite Buch der jüdischen Witze. Ich habe es, wie das erste, gemächlich und ohne Überhast niedergeschrieben, wiewohl mir von vielen nahegelegt wurde, den Erfolg, den mein Versuch gefunden, doch schleunigst selbst auszunutzen, anstatt ihn jenen zu überlassen, die alsbald mit allerlei unfeinen Nachahmungen den Markt überschwemmten.

Was aber dem Büchlein einen vielleicht über den Tag hinausreichenden Wert gab, und worauf es mir ankam, das ist leider nicht nachgeahmt worden: nämlich, den »Witz« nicht lediglich um des Witzes willen zu erzählen, sondern (wie der treffliche I. Landau im »Berliner Börsen-Courier« freundlich ausführte) die Helden der Anekdote zum Gegenstande meiner Darstellung zu machen, und so zu zeigen, wie »jüdische Art und gelegentlich Unart« sich im Witz der Juden lustig widerspiegeln. Und ich meine fast, dass mir dies nicht ganz missraten ist.

Für das neue Buch sind mir von Lesern des ersten viele hübsche Beiträge geschickt worden, die ich gern benutzt habe. Ich sage allen freundlichen Ein-

sendern, vor allen Fräulein G. Grigorowicz in Cla-
rens-Montreux, an dieser Stelle herzlichen Dank
dafür.

Berlin.

M. Nuél.

Von weisen Rabbis

Der neue Bezirkshauptmann von Jordanow, einem Städtchen in Westgalizien, war ein getaufter Jude. Vom Tage seines Amtsantritts an erwies er sich der jüdischen Gemeinde gegenüber als gar gestrenger Herr, wenn er auch keineswegs schlimmer war als seine Vorgänger. Sei es nun, dass man von ihm, dem Stammesgenossen, mehr Entgegenkommen und Nachsicht erwarten zu dürfen glaubte, sei es aus andern Gründen, kurz: Man begann sich bei seinen vorgesetzten Behörden über ihn zu beschweren und hörte damit nicht auf.

Eines Tages ließ der Bezirkshauptmann den alten Rabbi Herz Wulkan zu sich kommen und fragte ihn, was in aller Welt die Gemeinde so beharrlich an ihm auszusetzen habe, und welchen Zweck sie mit ihren Klagen verfolge, die zwar ebenso nutzlos wie ungerechtfertigt seien, ihm aber endlose Schreibereien verursachten. Er ginge doch, wie der Rabbi als ehrlicher Mann zugeben müsste, gerecht vor und sei gewiss nicht strenger als die früheren Bezirkshauptleute, gegen die sich die Gemeinde doch niemals beschwert hätte. Wenn er aber etwas verfüge, dann gebe es gleich ein wildes Geschrei und Gezeter ...

Herz Wulkan wiegte den Kopf hin und her, strich sich den langen weißen Bart, drückte die Augen zusammen und sagte:

»Herr Bezirkshauptmann ... Was soll ich Ihnen sagen ... Sie sind gewiss nicht schlechter als die früheren Herren ... Aber, ich weiß nicht ... Ich möchte Ihnen einmal eine Geschichte erzählen ... Hören Sie an ... Da war einmal ein Mann, der kam in eine Stadt. Und er geriet in die Gasse, wo die Handwerker wohnten und vor ihren Häusern ihre Arbeit verrichteten, denn das geschah in alten Zeiten, wo es so war. Da blieb er vor einem Goldschmied stehn, der schlug mit einem Hämmerchen auf das Goldmetall, und das Gold seufzte und wisperte ganz leise unter den Schlägen ... pink ...plink ... Dann sah der Mann einem Silberschmied zu; der schlug auf das Silber, und dieses ächzte etwas lauter ... pank ... plang ... Dann kam derselbe Mann vor eine Hufschmiede. Unter den Hammerschlägen aber stöhnte und schrie das Eisen so laut und dröhnend, dass es die Gasse mit seinem Jammer erfüllte ... Und es wand und wehrte sich, wenn der Hammer es traf ... Da sagte der Mann: ›Eisen, was brüllst du? Dir geschieht doch nicht mehr als dem Golde, das nur seufzt und wispert, und als dem Silber, das leise vor sich hinächzt ...‹ – – – Rief das Eisen: ›Tor, der du bist! Das Gold und das Silber werden geschlagen von Fremdartigem ... Ich aber muss schreien und toben, denn ich werde geschlagen von meinesgleichen‹...«

Ein Rabbi predigte an jenem Sabbat, den man den »Sabbat der Freude« nennt, von den Herrlichkeiten dieser Gotteswelt, und wie der Herr in seiner Güte alles auf das Beste geschaffen habe, auf das Zweckmäßigste und Vollkommenste.

Da er dann als letzter das Gotteshaus verließ, trat ihm der Schneider Menke Kraftmilch entgegen, ein kleines, buckliges Männchen, das wegen seiner Bosheit gefürchtet war.

»Nu, Herr Rabbiner«, meinte er bitter. »Ihr habt doch gesagt, dass Gott alles herrlich und vollkommen und gut geschaffen hat … Nu, und jetzt seht mich an, Herr Rabbiner! Hat Gott auch mich vollkommen und gut geschaffen?«

Der Rabbi blickte Kraftmilch an, der vor ihm sich drehte und hüpfte, und sagte dann lächelnd:

»Für einen Buckligen sehr gut …«

Ein gelehrter Rabbi in Prag hatte eine Frau, die nicht nur durch Schönheit, sondern auch durch außergewöhnliche Weisheit ausgezeichnet war. Hierin und im Scharfsinn beim Auslegen schwieriger Talmudstellen war sie ihm fast gleich, ja, ihr natürlicher Ver-

stand fand öfter die Lösung einer der jahrhunderte-
alten Streitfragen als seine Gelehrsamkeit.

In der Frühe eines Sommertags ließen der Rabbi
und seine Frau – denn sie hatten die Nacht hindurch
im Talmud studiert und des Schlafs vergessen – ihre
Gesichter am offenen Fenster von der Morgenluft er-
frischen. Da gewahrte der Rabbi die Männer, die um
diese Zeit vom Frühgebet aus der Synagoge kamen
und in lautem Gespräch die Gasse hinuntergingen.

»Was für Toren!«, sagte er. »Die des Glaubens
sind, es sei Gottesdienst, wenn sie ihre Gebete he-
runterplärren …«

»Und doch«, meinte des Rabbi Frau mit einer
Aufwallung von Zorn. »Und doch glauben diese
Narren, sie seien mehr als die Frauen. Denn sie beten allmorgendlich: ›Herr, ich danke dir, dass du
mich nicht geschaffen hast zum Weibe‹ …«

»Närrchen!«, erwiderte der Rabbi. »Meint doch
jeder nur … zu seinem Weibe.«

Zu dem in Galizien einst angesehenen Wunderrabbi
Halberstamm von Sandez – demselben, der wegen
Verhängung des »großen Bannes« über ein freiden-
kendes Mitglied der Gemeinde von der Regierung
gemaßregelt werden musste – kam ein Kaufmann,
der von dem heiligen Manne einen wirksamen

Fluch gegen seinen bisherigen Freund und Kompagnon forderte, eine Verwünschung, nach der geheimen Lehre gemacht für Gottes Ohr.

Halberstamm fragte nach der Ursache eines so rachsüchtigen Zornes, und als der Bittsteller sich nun in Schmähungen und Beschimpfungen seines Gegners nicht genugtun konnte, sagte der Rabbi, der sicherlich ein großer Menschenkenner war:

»Schalksnarr, gehe von hinnen, dass nicht dich selbst der Fluch treffe!«

»Wieso mich?«, schrie der Mann.

»Was musst du deinem Freunde getan haben, wenn du so zornig bist über ihn ...«

***

Als Halberstamm wegen jener Verhängung des »großen Banns«, die die völlige Boykottierung (kein Jude kaufte fernerhin bei dem Verfehmten, noch verkaufte er an ihn selbst die notwendigsten Lebensmittel) und den Ruin eines Geschäftsmannes zur Folge hatte, ins Gefängnis gebracht wurde, entstand in ganz Israel, soweit es der chassidischen* Lehre anhängt, ein groß

---

* Chassidäer (Chassidim) nennen sich die Anhänger jener in den polnischen Ländern weit verbreiteten Sekte, die um die Mitte des achtzehnten Jahrhunderts von Rabbi Israel Baal Schem (Wundertäter) begründet wurde. Nach ihrer mystisch-kabbalistischen Lehre sieht diese Sekte in ihren jeweiligen Rabbis die Auserwählten, die mit der Gottheit selbst in Verbindung stehen und dieser (natürlich gegen eine entsprechende Spende) die

Geschrei und Jammern. In Galizien und Russisch-Polen, überall, wohin die Kunde drang, veranstaltete man Gottesdienste und Geldsammlungen zur Befreiung des Wunderrabbis, der im Bezirksgefängnis von Sandez mit allergrößter Rücksicht behandelt wurde. Große und kleine Kollegen des heiligen Mannes machten sich auf, um den »Eingekerkerten« zu besuchen und ihm Trost zuzusprechen. Sie wurden auch in den meisten Fällen zu ihm gelassen und konnten zu ihrer Beruhigung sehen, dass es ihm wohl ging und an nichts fehlte. Er durfte sie sogar dort bewirten, denn die Gemeindemitglieder wetteiferten darin, ihm die besten Speisen und die köstlichsten Ungarweine zuzuschicken.

So saß er eines Tages im Kreise der anderen Wunderrabbis nach trefflichem Mahle, und während die langen Pfeifen dampften, begann einer zu sprechen:

»Großer Rabbi, lass uns klären (klar machen, überlegen) ... lass uns klären, wie du bist da hereingekommen?«

Herzenswünsche der Frommen übermitteln ... Bei dieser Gelegenheit sei eine Zuschrift aus Sucha, einem Marktflecken in der Nähe von Krakau, wiedergegeben: »Bei uns«, so wird dem Herausgeber geschrieben, »lebte ein kleiner Rabbi, dessen Frau recht einfältig war. Als ein Bauer sie einmal fragte, was denn ihr Mann eigentlich treibe, dass er nicht wie die anderen Juden zu handeln oder zu arbeiten brauche und doch zu leben habe, sagte sie stolz: »Erst kommt Gott, aber über Gott ist mein Mann!« ... Bis an sein Lebensende trug das kleine, armselige Jüdchen (Mordechai Schenker hieß er) den Spitznamen »przedbogim«, d. h. »Gottes Vorgesetzter«.

»Nein«, unterbrach ihn Halberstamm. »Lass uns lieber klären, wie ich da wieder herauskomme ... Wie ich bin reingekommen, das weiß ich selbst.«

Ein Rabbi in Ungarn litt an Verdauungsbeschwerden, und er konnte in dem geheimen Gemächlein nur dann Erleichterung seiner Beschwerden finden, wenn er dabei anhaltend seinen kräftigen Tabak rauchte.

Eines Sabbats, an dem bekanntlich das Rauchen verboten ist, weil das mosaische Gesetz an dem Ruhetage jedwedes Feueranmachen untersagt, hörte ein Schüler des Rabbi, an dem Kämmerlein vorübergehend, aus diesem ein Geräusch, als ob darinnen jemand aus der Pfeife paffte. Er blieb lauschend stehn, und seine Vermutung, dass sein Lehrer sich da zurückgezogen habe, um am heiligen Sabbat seiner Rauchleidenschaft heimlich zu fröhnen und Gottes Gebot zu übertreten, wurde ihm zu unumstößlicher Gewissheit.

Er hätte kein Schüler sein müssen, wenn er jetzt nicht freudestrahlend davongeschlichen wäre, um die übrigen Bochrim (Talmudschüler) herbeizuholen und den Rabbi vor versammeltem Volke zu überführen.

Die jungen Leute nahmen vor dem Kämmerchen Aufstellung, und als das Paffen immer kräftiger wurde, riss einer mit plötzlichem Ruck die Tür auf.

Und es bot sich den Erstaunten folgender Anblick: Der Rabbi saß da ohne Pfeife, aber mit seinen
Lippen brachte er jenes paffende Geräusch hervor,
das bei hastigem und heftigem Rauchen aus der
Pfeife zu hören ist.

»Ihr Gassenjungen!«, schrie der Rabbi zornig.
»Was macht Ihr da? Was fällt euch ein, Ihr Unver-
schämten?«

»Verzeiht!«, sagten die. »Wir haben geglaubt,
Ihr raucht da am heiligen Sabbat eure Pfeife … Ja,
warum pafft Ihr denn, als wenn Ihr wirklich rauch-
tet?«

»Ochsen, die Ihr seid!«, rief der Rabbi. »Ich fopp'
doch bloß meine Gedärme …«

Einem betagten Rabbi war die Frau gestorben, und
da seine Kinder in die Welt gezogen waren, blieb er
nun ganz allein. Die Gemeinde aber, die viel Anteil
an ihm nahm, und der es auch nicht gefiel, dass seit
dem Todesfalle der alte Herr nicht so betreut wurde,
wie es ihm wohl gebührte, drang in ihn, sich doch
wieder zu verheiraten. Sie entsandte sogar einige der
angesehensten Männer, die ihm das klar machen
sollten.

Er hörte sie ruhig an und sagte dann lächelnd:

»Ich werd' euch was sagen, Kinder … Ich möcht schon wieder heiraten … warum nicht? Aber hört einmal zu: Mir gefallen die alten Weiber nicht … Wie soll ich da einer Jungen gefallen?«

Der Gabbe (eine Art Impressario) eines die kleinen Ortschaften Galiziens heimsuchenden Wunderrabbis – im ersten Bande dieser Sammlung ist mehr von solchen Leuten erzählt – berichtete in der Schenke den staunenden Juden von Wadowice, dass sein Rabbi, der in den nächsten Tagen eintreffen werde, um auch hier seine Wundertaten zu verrichten, Nacht für Nacht über den heiligen Büchern sitze und die Geheimnisse des Lebens ergründe.

»Nu«, fragte ein Spötter. »Nu, und wann schläft da euer Meister, wenn er bei Nacht studiert?«

»Ha, wann soll er schlafen? Er schläft jeden Tag eine Stund' vor dem Morgengebet …«

»Was! Und das soll genug sein für ihn?«

»Wie heißt genug?«, schrie der Gabbe. »Ob's ist genug! Er schläft doch in der einen Stund' mehr wie ein anderer Mensch in einer ganzen Nacht …«

Beim Rabbi Kestenmacher von Drillichau fragte die jüdische Gemeinde von Biala an, ob ein gewisser Efraim Lichtblau, der sich bei ihr um eine Stellung als Tempelwärter beworben habe, ein ordentlicher und pünktlicher Mensch sei, auf den man sich verlassen könne.

Der Rabbi gab eine für Lichtblau günstige Antwort, und der Mann erhielt den Posten.

Als Kestenmacher eines Tages den Gemeindevorsteher von Biala besuchte, machte dieser ihm Vorhaltungen darüber, dass er Lichtblau empfohlen habe.

»Nun«, meinte der Rabbi freundlich, »ich hab' ihn empfohlen, weil er ein armer Teufel ist ... Und dann weil er doch wirklich, wie Sie es haben wollten, auf Ordnung und Pünktlichkeit hält ...«

»Was?«, rief der Vorsteher. »Auf Ordnung und Pünktlichkeit? ... So ein Trunkenbold?!«

Darauf der Rabbi:

»Nu, ist er denn nicht jeden Tag um dieselbe Stunde betrunken?«

Der Rabbi von Jaroslaw verkündete eines Sabbats seiner Gemeinde, dass er sich für einige Zeit von seinen Lehr- und sonstigen Geschäften zurückziehen müsse, um einem Gedanken, der seinen Geist erfülle, ungestört nachzusinnen.

Man war stolz darauf, ein solches Licht in Israel in seiner Mitte zu haben, und versprach, während der Tage, da er weltverloren seiner inneren Stimme lausche, für ihn und die Seinigen zu sorgen. Was auch in besonders reichem Maße geschah.

Es vergingen aber Wochen und Wochen, und der Rabbi ließ sich nicht sehen. Er sann immer noch. Das beunruhigte schließlich die Leute, und sie schickten einen Mann zu ihm, der ergründen sollte, was er Tiefes und Bedeutsames in seinem Hirne wälze.

»Rabbi!«, fragte er. »Habt Ihr schon ausgeklärt (zu Ende gedacht)? Und was habt Ihr geklärt?«

Und der Rabbi sprach:

»Das hab' ich geklärt: Wenn für alle Menschen in der ganzen Welt möcht' sein ein Mensch – – – –

– – – wenn für alle Bäume in der ganzen Welt möcht' sein ein Baum – – – –

– – – wenn für alle Äxte in der ganzen Welt möcht' werden eine Axt – – – –

– – – und wenn für alle Wasser in der ganzen Welt möcht' werden ein Wasser – – – –«

»Nuuu?«, fragte der Mann gespannt.

Der Rabbi fuhr fort:

»Und dieser Mensch, was ist geworden für alle Menschen ein Mensch, möcht' nehmen die Axt, was ist geworden für alle Äxte eine Axt … und möcht' fällen dem Baum, was ist geworden für alle Bäume ein Baum … und dieser Baum möcht' fallen herein in das Wasser, was ist geworden aus alle Wasser ein Wasser – – – –«

Er hielt, überwältigt von solchen Gedanken, inne und sah vor sich hin.

»Nuuu?«, fragte der Mann wieder.

»Und da klär' und klär' ich«, sagte der Rabbi, »was das geben möcht' für einen Prall …«

Ein Jünger dieses weisen Rabbi von Jaroslaw scheint jener Bocher (Talmudschüler) gewesen zu sein, der sich mit einem Talmudfolianten in die Einsamkeit eines Bodenverschlags zurückzog, um aus eigenem Geiste heraus, natürlich durch die besten Leckerbissen unterstützt, die Verwandte und Bekannte ins Haus schickten, neue Auslegungen für die alten schwierigen Fragen zu finden. Denn schon die Absicht, sich in das Studium zu vertiefen, erregt bei den Juden Bewunderung.

Zuweilen suchte ihn sein Vater auf, um zu sehn, wie weit der junge Gelehrte sei, und stets traf er ihn gebeugt über das erste Blatt des mächtigen Folianten, das ein Bild enthielt: Moses, der größte Rabbi in Israel, war dargestellt, eine übermenschliche Gestalt, deren Haupt eine »Straiml« (Pelzmütze der chassidischen Juden) bedeckt, und die mit nackten Füßen über eine wüste Ebene dahinschreitet …

Es verging aber eine Zeit, ohne dass man von den neuen Auslegungen des Bochers irgendetwas hörte. Da bestimmte der Rabbi, dass es nun genug sei des Studiums, und er begab sich mit den Angesehensten der Gemeinde zu seinem Schüler, der sich beim Erscheinen der Männer wieder in den Anblick des Mosesbildes vertiefte.

»Nun«, fragte der Rabbi. »Was klärst du?« Der Bocher wies auf das Bild.

»Ich klär'«, sagte er, »ich klär': Wenn es ist Winter, warum geht er barfüßig? Und wenn es ist Sommer … warum trägt er eine Pelzmütz – – – –?«

Ein alter böhmischer Rabbi unterhielt sich oft mit dem katholischen Pfarrer des Städtchens, einem ebenfalls alten, jovialen Herrn, über religiöse Dinge, wobei der christliche Geistliche immer wieder leise Bekehrungsversuche machte. Denn Rabbi Porges gefiel ihm; er hatte das Neue Testament gelesen und leugnete keineswegs, dass vieles darin, besonders Jesus' Bergpredigt, ihm tief zu Herzen gegangen sei. Freilich, die Bekehrungsversuche wies er stets – wenn auch in sehr freundlicher Weise – zurück, und wenn ihm der Pfarrherr von den Wundern sprach, von denen das Neue Testament berichtet, dann schüttelte Rabbi Porges den Kopf, lächelte und suchte aufgrund seiner paar physikalischen und sonstigen naturwissenschaftlichen Kenntnisse darzutun, dass sein Verstand solche Dinge nicht fasse, und dass er dort nicht glauben könne, wo doch ein Widerspruch zu den Gesetzen der Natur vorhanden sei.

»Aber Porges«, sagte der Pfarrer gelegentlich während eines solchen Disputs zu ihm. »Ich verstehe dich nicht! Mir leugnest du die Wunder und wehrst dich gegen ihre Möglichkeit. Aber darüber machst du dir gar keine Gedanken, dass, wie das Alte Testament erzählt, der Prophet Elia in einem feurigen Wagen gen Himmel gefahren ist – – –«

»Gedanken?«, wiederholte der Rabbi erstaunt. »Was brauch' ich mir da Gedanken zu machen? ... Das ist doch wahr!«

***

Von den Wiener Juden der gebildeten Klassen wird erzählt, dass sie sich mit Vorliebe antisemitisch gebärden und, wenn sie unter sich sind, (manchmal aber auch vor waschechten Judenfeinden) an ihren Stammesgenossen kein gutes Haar lassen. Wahrscheinlich in der Erwartung, dass man sie gern wird als Ausnahme gelten lassen.

Ein solcher Israelit, ein Advokat, ließ sich in einer Gesellschaft in dieser Art vor dem (vor einigen Jahren verstorbenen) Prediger Jellinek über die Juden aus und fand des Schimpfens und Spottens kein Ende.

Als er eine Pause machte, meinte Jellinek, der aufmerksam zugehört hatte:

»Mein lieber Doktor, ich werde Ihnen was sagen. Sie dürfen die Juden nicht nach sich beurteilen. Es gibt auch anständige ...«

Ein Rabbi war in einer gewissen kleinen Gemeinde in Ungarn, vermutlich in dem Städtchen Neutra, von dem im ersten Buche dieser Sammlung manches erzählt wurde. Der beging seinen siebzigsten Geburtstag. Aus diesem Anlass hatten die Mitglieder beschlossen, dem alten Herrn eine besondere Freude zu machen: Man wollte ihm ein Fässchen guten Weins schenken, und zwar in der Weise, dass jeder Haushaltungsvorstand – es gab deren dreiundvierzig – zwei Flaschen einer bestimmten Szamorodner Marke beisteuern und eigenhändig in das bereitstehende Tönnchen schütten sollte. So waren alle gleichmäßig an der Gabe beteiligt.

Der große Tag kam, und eine Abordnung der Gemeinde überbrachte dem Rabbi feierlich und mit den besten Wünschen das Fässchen, das der also Geehrte, der einem guten Tropfen nicht abhold war, schmunzelnd in Empfang nahm.

Als die Schar der Glückwünschenden gegen Abend sich verlaufen hatte, meinte der Rabbi zu seiner Frau, nun könnte er nach den Mühen dieser Stunden sich wohl ein Gläschen des Geburtstagweines gönnen, und öffnete den Hahn des Tönnchens. Was aber da heraussprudelte, war eine klare Flüssigkeit, die genauso aussah wie Wasser. Erstaunt kostete der Rabbi erst, dann seine Frau ... kein Zweifel: Es war richtiges Wasser, das niemals eine Spur von Wein gesehen hatte. Die Frau des Rabbi begann zu schelten, aber dieser war ein weiser Mann und ahnte den Zusammenhang. Seine lieben Gemeindemitglieder hatten insgesamt, in der Erwartung, dass jeder der Einzige und niemals zu ermitteln sein werde, je zwei Flaschen Brunnenwasser in das Fässchen gegossen ...

Der Rabbi war, wie gesagt, ein weiser Mann, der seine Leute kannte; er lachte deshalb über den Streich und hütete sich, Lärm zu machen. Als er jedoch am folgenden Sabbat auf der Kanzel stand, musste er auf seinen Geburtstag zu sprechen kommen, und er stattete in schönen und gerührten Worten seinen Dank ab für das köstliche Geschenk, mit dem die Gemeinde sein Herz hätte erfreuen wollen.

»Aber«, sagte er mit erhöhter Stimme und trauriger Miene, »aber es war einer unter euch – ein Einziger! – der war so gewissenlos und gottverlassen, dass er anstatt des Weines, wie er sollte und wie die andern getan haben, pures Brunnenwasser in das Tönnchen geschüttet hat ... Und das ist gegen die

Gebote und eine Sünde. Und es schmerzt mich, euch das sagen zu müssen. Was ich aber nicht sage, ist, wer der Sünder gewesen ist, obwohl ich hier mit dem Finger auf ihn weisen könnte! Denn er soll Gelegenheit haben, wieder gutzumachen, was er gefrevelt hat, und wenn er heute, sobald der Sabbat zu Ende gegangen, in der Dunkelheit die zwei Flaschen Wein, um die er euch und mich betrogen, heimlich hinter das Tor meines Hauses stellt, dann sei ihm verziehen …«

Desselben Abends zählte der Rabbi sechsundachtzig Flaschen, die er – so oft das Haustor knarrte – zu zwei und zwei in die Stube holte, sein eigen. Und als er die erste Flasche aufbrach und den köstlichen Trank schlürfte, sagte er lachend zu seiner Frau:

»Nu, Leah, kenn ich meine Gemeinde?«

***

Ruben Lackritz, der reichste Mann einer kleinen Gemeinde in Galizien, war gestorben. War er aber auch der Reichste, so hatte er dennoch nicht zu den angesehenen Männern des Ortes gehört, denn er galt – wie schon sein Vater – als ein Wucherer der schlimmsten Art.

Nach chassidischem Brauch aber, der sich auch bei einigen Völkern im Orient findet, soll eine Leiche nicht aus dem Hause gebracht werden, ehe nicht etwas Gutes über den Verstorbenen gesagt worden ist, und so saßen und standen die Leute im Sterbezimmer umher und »klärten«, was sie von Ruben Lackritz Günstiges berichten könnten.

Endlich, nach langem Nachdenken, sagte der Rabbi:

»Nehmt auf den Sarg! Ich weiß was Gutes von Ruben Lackritz.«

»Und was ist das?«, fragten die andern neugierig:

»Sein Vater war ein noch größerer Schuft …«

Ein Rabbi, der auf seine Kleidung nicht achtete, wurde vom Vorsteher seiner Gemeinde zur Rede gestellt, weshalb er einen so alten, schäbigen Hut trage.

Der Rabbi antwortete lächelnd:

»Alt oder neu … Was kommt heraus? Hier kennt mich doch jeder, und weiß, wer ich bin.«

Acht Tage später traf der Vorsteher den Rabbi in Wien, und wieder machte er ihm Vorwürfe.

»Sie haben zu Hause gesagt, dass es gleich wäre, was für einen Hut Sie tragen, weil Sie dort ohnedies jeder kennt. Schön! Aber für Wien hätten Sie sich doch einen neuen Hut anschaffen können.«

Der Rabbi lacht:

»Alt oder neu … Was kommt heraus? … Hier kennt mich doch sowieso niemand …«

Rabbi Leiser Wolf war ein schlichter, armer, in der ganzen Gegend wegen seiner milden Art sehr beliebter Mann. Als er seine goldene Hochzeit feierte, ließ die Gemeinde für das Festmahl einen Hirsch schlachten und von der Schlossköchin auf das Beste und Allerfeinste zubereiten. Beim Mahle wurde dann der leckere, seltene Braten dem Rabbi zuerst vorgesetzt. Er greift zu Messer und Gabel, schneidet ein Stück Fleisch ab und steckt es erwartungsvoll in den Mund. Plötzlich lässt er den Bissen wieder fallen, schiebt die Schüssel recht weit von sich und sagt:

»Meine lieben Gäste, mir scheint der Braten riecht übel ...«

Die Männer begannen zu lachen und riefen:

»Aber, Rabbi! Das ist doch Hirschbraten! Das muss so sein!«

Darauf der Rabbi:

»Gut, das muss so sein ... aber muss ich's denn essen?«

———

Derselbe Rabbi Wolf predigte einmal über Gottes Werke und wie wunderbar alles geschaffen sei.

»Da hat«, so sagte er, »da hat Gott gemacht vierundzwanzig einfache Buchstaben, das ABC; und aus diesen winzigen Lauten, von denen keiner etwas ist, hat Gott gemacht zweihundert Sprachen mit Millionen und Millionen von Wörtern. Und mit diesen Wörtern kann man in zweihundert Sprachen sagen alles Gute und alles Böse, alles Weise und alles Törichte. Und wenn alle Gelehrten und Forscher seit Erschaffung der Welt gesucht und gesucht hätten, sie würden das Wort nicht gefunden haben, in dem kein Buchstabe Gottes vorkommt ...«

Als Rabbi Wolf sich mit einigen aus Wien heimgekehrten Studenten unterhielt und diese sich beklagten, dass es auf dieser Welt gar so schlecht eingerichtet sei, indem ein Einziger – sie sprachen von Rothschild – so unermesslich viel, andere aber nichts besäßen, meinte er:

»Gut, Rothschild hat Millionen; tausend Menschen stehn auf seinen Wink bereit, ihm zu dienen; er besitzt Paläste, kostbare Juwelen und Edelsteine; er schürft Gold aus Bergwerken und kann alles kaufen, was er sieht. Was schreit Ihr? Gott kann ihm noch mehr geben, viel mehr ... Aber wenn er auch das alles hat – kann er darum zweimal zu Mittag essen?«

Zu den hohen Feiertagen hatte sich Leiser Wolfs Gemeinde einen Sänger aus Russland verschrieben, der seine Sache mehr schlecht als recht machte.

Als er sich verabschiedete, fragte er den Rabbi:

»Nun, Herr Rabbiner, wie hab ich Ihnen gefallen?«

Leiser Wolf sah ihn verlegen an und meinte dann:

»Wenn ich Ihnen die Wahrheit sagen soll … im vorigen Jahr haben Sie's besser gemacht …«

»Aber, Herr Rabbiner, wieso im vorigen Jahr? Da bin ich ja gar nicht hier gewesen …«

»Nuuu …«, erwiderte der Rabbi. »Nuuu … eben darum.«

Ein getaufter Jude hatte vor seinem Tode den Wunsch ausgesprochen, auf dem jüdischen Friedhof seiner Vaterstadt begraben zu werden, in der seine Vorfahren in sehr hohem Ansehen standen. Mitten unter ihnen wollte er seine letzte Ruhestätte haben.

Nun war er tot, und seine Angehörigen bemühten sich, die Bitte des Sterbenden zu erfüllen. Sie gingen zum Rabbiner und trugen ihm die Sache vor. Dass der Fall äußerst schwierig lag, wussten sie selbst, aber sie drangen so sehr in den alten Herrn, dass er endlich nachgab.

»Schön«, sagte er. »Aber es lässt sich nur machen, wenn Sie bezahlen für den Platz 5000 Gulden.«

»Fünftausend Gulden? Für die eine Grabstelle?«, riefen die Verwandten. »Der ganze Friedhof braucht doch nicht mehr zu kosten!«

»Richtig«, gab der Rabbi zur Antwort. »Wenn es wird kommen der Tag der Auferstehung und alle andern werden erlöst sein aus ihrem Grab, wird er doch allein zurückbleiben … Nu, und dann wird ihm ja gehören der ganze Friedhof …«

In einer ungarischen Gemeinde befehden sich zwei Lager auf das Heftigste, und alle Versuche des Rabbi, der unter solchem Unfrieden am meisten zu leiden hat, scheitern an der Unversöhnlichkeit der feindlichen Parteien.

Endlich ist es ihm durch kluge Überredungskünste gelungen, die Leute zu überzeugen, dass es so wie bisher nicht weitergehen könne, dass in der Gemeinde Eintracht herrschen müsse. Sie berufen infolgedessen eine Versammlung ein, in der die Gegensätze überbrückt und der Frieden hergestellt werden soll. Kaum sind sie aber beisammen, als der Hader von Neuem losbricht. Erst streitet und schimpft man, dann gerät man hart aneinander und schließlich ist eine wüste Schlägerei im Gange.

Da fällt es einem der Männer ein, den Rabbi herbeizuholen, der auf Nachricht aus der Versammlung wartet.

»Rabbi, Rabbi!«, ruft der Bote. »Sie reißen sich die Köppe runter, sie schlagen sich tot!«

Darauf der Rabbi, der ganz im Banne seiner Gedanken ist:

»Was schadt das? Wenn nur Frieden ist in der Gemeinde …«

Von Zweiflern
und Abtrünnigen

Scholem Perlmutter in Tarnopol ist ein armer Mann; alles Unglück, das einen Menschen treffen kann, ist über ihn hereingebrochen, und auf seine alten Tage ist er siech und arm.

Da die Leute ihn aber als anständigen Menschen achten, besuchen sie ihn in seiner kümmerlichen Behausung, und wenn er ihnen in seiner sanften Weise von dem Jammer erzählt, den er in seinem Leben erduldet, dann trösten sie ihn.

»Reb Scholem«, sagen sie ihm. »Das ist alles traurig. Aber Ihr wisst doch: Das ist nur in dieser Welt so schlimm, im Jenseits ist das anders. Da werdet Ihr sein wie im Paradies; da wird Euch Gott hundertfältig zurückgeben, was er Euch genommen hat.«

Scholem Perlmutter lässt sich gern in dieser Weise trösten, und immer wieder erzählen sie ihm von den Wonnen des Jenseits.

So auch in seiner Todesstunde. Da sitzt sogar der Rabbi an seinem Bette und spricht von den wunderbaren Herrlichkeiten »jener« Welt …

Da erhebt Scholem Perlmutter den Kopf und sagt:

»Schön, schön … aber lachen werd' ich, wenn es gar nicht geben möcht' ein Jenseits …«

»Effje«, sagt der Rabbi zu dem Schuster Zentnerschwer in Brody. »Effje, ich versteh dich nicht. Die
ganze Woch' sagste und schreiste rum in der Gass',
du glaubst nicht an Gott ... und es gibt keinen Gott
...und es hat nie Gott gegeben ... Und wenn der Sabbat kommt, dann ziehst du dich fein an und kommst
in Gottes Tempel und nimmst den Thalles (Gebets-
mantel) um und betest ... und betest inbrünstig und
schlägst dir die Brust und schreist noch mehr wie die
andern ... Nu, sag, Effje, glaubste nu an Gott oder
glaubste wirklich, dass kein Gott ist?«

Darauf Effje:

»Glauben tu ich, dass kein Gott ist, aberkann ich
wissen, ob ich recht hab'?«

Derselbe Effje Zentnerschwer ging eines Sabbats im
Winter mit dem Rabbi, der sich gern mit ihm unter-
hielt, spazieren. Der Geistliche pflegte dann, um den
Zweifler auf den rechten Weg zurückzuführen, von
Gottes Wundertaten zu sprechen.

Als sie über einen festgefrorenen Teich schritten,
sagt der Rabbi:

»Klär' einmal, Effje, warum wir können gehn über
das Wasser rüber?«

»Spaß!«, lacht Effje. »Es ist doch gefroren; da liegt doch eine Deck' von Eis über dem Wasser.«

»Und wer hat gemacht die Deck', Effje? Denk nach, wer hat gemacht die Deck' von Eis über dem Wasser?«

»Nu, wer soll sie gemacht haben? Der Frost hat se gemacht.«

»Und wer hat den Frost gemacht, Effje?«

»Weiß ich?«, meint Zentnerschwer unsicher.

»Gott hat ihn gemacht, du Närrischer!«, ruft der Rabbi. »Gott lässt gefrieren das Wasser …«

»Nu«, sagt Effje, »wenn Gott das kann, so soll er einmal das Wasser gefrieren lassen im Sommer …«

Ein andermal kritisiert der Schuster Zentnerschwer, der ein gewaltiger Freigeist ist, die Weltschöpfung auf seine Weise.

Ein Spötter fällt ihm ins Wort:

»Es ist wirklich schad', Effje, dass Gott dir nicht hat gefragt um Rat, wie er alles erschaffen soll – –«

»Nu«, antwortet er, »manches hätt' ich schon besser gemacht wie Gott.«

»Und was hättste besser gemacht?«

»Stiefel«, sagt Effje Zentnerschwer ruhig.

Ein getaufter Jude kehrt nach jahrelanger Abwesenheit in seine Vaterstadt zurück und wird von seinen Verwandten trotz des »Vorgefallenen« sehr freundlich aufgenommen.

Ihm zu Ehren wird auch für den Sabbat ein köstlicher Schalent bereitet, jenes aus Graupen, Bohnen und fettem Gänsefleisch bestehende jüdische »Nationalgericht«.

Als die Schüssel nun vor ihm steht und er einen Löffel der Speise zu sich genommen, verklärt sich sein Gesicht und er ruft unter Tränen:

»Und so einer Religon bin ich untreu geworden!?«

※

Der Börsenbesucher Max Posner hat sich taufen lassen. Ein Freund macht ihm deshalb Vorwürfe.

»Max«, sagt er zu ihm, »ich kann noch verstehen, dass dein Bruder Fritz Christ geworden ist. Er ist Jurist, hat den Assessor gemacht und will die richterliche Karriere einschlagen. Und da wäre ihm sein Judentum im Wege. Schön, aber du? Was hast du gebraucht, dich taufen zu lassen, Max?«

»Gott«, meint Posner verlegen, »ich hab mir taufen lassen wegen meinen Bruder Fritz – – –«

»Ja, was soll er denn davon haben, wenn du getauft bist, Max?«

»Nu, wenigstens hat er christlichen Umgang …«

Bei den ungarischen Juden ist es eine alltägliche Erscheinung geworden, dass sie ihre alten deutschen Namen in ungarisch klingende verändern. Die Regierung sieht das durchaus nicht ungern, ja sie fördert es noch auf jede mögliche Weise durch Verbilligung der Gesuchsstempel usw. Wenn nun ein Name besonders ungarisch klingt, so ist in den meisten Fällen der Verdacht gerechtfertigt, dass sich hinter ihm ein deutsch-jüdischer verbirgt. So sind denn Geschichtchen wie das folgende durchaus nicht erfunden:

Der alte Sami Fischer aus St. Miklos wird von seinem Sohne, der den Namen Fekezsmarton angenommen hat, in Budapest herumgeführt. Sie kommen vor das Denkmal des ungarischen Nationaldichters Alexander Petöfy, und Sami Fischer fragt: »Nu, wer soll das sein?«

»Das ist Petöfy, Vater«, erwidert Fekezsmarton.

»Petöfy … Petöfy« … wiederholt der Alte sinnend. »Und …wie hat er früher geheißen?«

Im Abteil eines Eisenbahnwagens in Ungarn befinden sich vier Herren, die bald in eine angeregte Unterhaltung geraten. Schließlich stellen sie sich einander vor:

»Kamory«, sagt der eine.

»Kemeny«, sagt der Zweite.

»Kratvany«, sagt der Dritte.

Der Vierte schweigt.

»Und wie heißen Sie?«, fragen ihn die andern.

»Auch Kohn …«, antwortet er.

Mit dem Vater, der Mutter und der ganzen übrigen Familie soll auch der fünfjährige Abraham Krojanker getauft werden. Vorerst wird er zum Pfarrer gebracht, der ihn über das, was ihm doch als Seltsames erscheinen wird, belehren soll.

»Na, Kleiner«, fragt ihn der geistliche Herr. »Wie heißt du denn eigentlich?«

»Abraham«, antwortet der Junge.

»Ein ganz schöner Name, Jungchen. Aber sieh mal, ich weiß noch einen schönern. Willst du ihn auch wissen?«

»Warum soll ich nicht wollen?«, gibt Abraham zurück.

»Also pass' mal auf … Der schönere Name ist Christian … Verstehst du? Christian …«

Den kleinen Abraham scheint das nicht sehr zu interessieren.

»Na, Jungchen«, fährt der Pfarrer freundlich fort. »Möchtest du deinen Namen Abraham nicht wechseln?«

»Warum nicht?«, meint Abraham treuherzig. »Wenn ich was rauskrieg'?«

***

»Hast du denn nichts im Gedächtnis behalten von deiner früheren Religion, Rosalie?«, wird die getaufte Frau Rosental von einer Jugendfreundin gefragt. »Man kann doch nicht alles vergessen?«

»Alles nicht«, gibt Frau Rosental zur Antwort. »Zwei jüdische Worte weiß ich noch.«

»Und welche sind das?«

»Chuzpe (Hochmut, Frechheit) und Hypochonder ...«

***

»Sie sind geboren in Kassel«, sagt der Richter beim Verhör eines Zeugen, »heißen Jakob Rosental – –«

»Nein«, unterbricht der Zeuge. »Ich heiße jetzt mit Genehmigung der Behörde einfach Rosen ... Fritz Rosen ...«

»Schön ... Ihr Vater war der Pferdehändler Jonas Rosental ... Sie sind jüdischer Religion ...«

»Wieder nicht«, fällt der Zeuge dem Richter ins Wort. »Die Religion betreibe ich schon lange nicht mehr ...«

Von Kaufherren
und Handelsleuten

Goldstein aus Bromberg ist in Berlin, um für sein Modewarengeschäft Einkäufe zu machen. Der Blusenfabrikant Borower, den er aufsucht, fragt ihn, wie es um Daniel Löwbär in Bromberg stehe, der ihm Geld schulde und über den in der letzten Zeit allerlei Gerüchte umgingen.

»Habense denn nich gehört«, gibt Goldstein zurück, »der arme Löwbär ist doch meschugge (verrückt) geworden; er bildet sich ein, er ist Rothschild und schmeißt nur so rum mit sein Geld …«

»Gott«, sagt Borower erfreut, »da wird er mir vielleicht die letzte Faktura doch bezahlen – – –«

»Wieso?«, meint Goldstein. »So meschugge ist er noch nich …«

Ein Handelsmann aus Sandez in Galizien will auf der Leipziger Messe Rauchwerk einkaufen. Er begibt sich in das Magazin eines Großhändlers und beginnt zu handeln. Aber zu einer Einigung kann es nicht kommen, denn der Mann aus Galizien bietet immer den vierten Teil dessen, was für die verschiedenen Fellsorten von ihm gefordert wird und stellt dadurch und durch sein ganzes Gebahren die Geduld des Verkäufers auf eine harte Probe. Als er nun gar für eine bestimmte Pelzart, von der das Stück zwölf Mark kosten soll, zwei Mark anbietet, ist sein Maß voll, und der empörte Besitzer des Magazins wirft den faulen Kunden eigenhändig aus dem Laden.

Nach zwei Minuten öffnet sich die Tür, der Sandezer steckt den Kopf herein und ruft:

»Hörense doch schon ... werd' ich Ihnen geben für das Stück zwei Mark fuffzig ... Eh' ich geh ...«

Joachim Weißfisch aus Klobuschin befindet sich auf einer Geschäftsreise und kommt im Eisenbahnwagen mit einem Berliner Kaufmann ins Gespräch. Nachdem dieser gehört, woher Weißfisch stammt, meint er:

»Klobuschin ist ein ganz nettes Städtchen ... Aber schade, dass im ganzen Ort nur ein ehrlicher Kaufmann lebt ...«

»Ein ehrlicher Kaufmann?«, fragt Weißfisch nachdenklich. »Ein ehrlicher Kaufmann? ... Wer kann das sein?«

In einem Geschäftsladen in Posen lässt sich ein Kunde Regenschirme zeigen.

»Den kann ich Ihnen sehr empfehlen ... zehn Mark ... sehr preiswert ... Für die Seide leiste ich Garantie.«

»Ich möchte aber einen billigeren Schirm haben, Herr Bamberg«, meint der Kunde.

»Nehmen Sie den ... Auch sehr schön ... auch sehr preiswert ... Kostet fünf Mark ...«

»Auch Garantie?«

»Auch Garantie!«

»Garantieren Sie die Seide, Herr Bamberg?«

»Seide ... nicht.«

»Was garantieren Sie denn?«

»Nu, dass es ist ein Regenschirm ...«

***

Elje Wasserstrom hat seinem Geschäftsfreunde Goldenring zum Ausgleich der letzten Mehllieferung einen größeren Geldbetrag geschickt. Zwei Stunden später kommt ein Bote Goldenrings zu Wasserstrom und überbringt diesem einen Gulden und fünfzig Kreuzer, die er zu viel geschickt hätte.

Da beginnt Wasserstrom zu jammern:

»Was muss ich ihm zu viel bezahlt haben, wenn er mir schon gibt zurück anderthalb Gulden!«

Ein russischer Kaufmann will seinen Aufenthalt in Berlin benutzen, um hier einen berühmten Arzt zu konsultieren, und er fragt seinen Geschäftsfreund, was er dafür wohl würde bezahlen müssen.

»Nun«, sagt der Freund, »für den ersten Besuch werden Sie dem Professor schon dreißig Mark geben müssen. Das ist so das Honorar hier ... Beim zweiten und dritten Mal nehmen die Herren auch weniger.«

»Wie viel nehmen sie beim zweiten Mal?«

»Da brauchen Sie nur zehn Mark zu geben.«

Tags darauf ist der Russe bei dem berühmten Arzte. Als er nach längerem Warten dessen Sprechzimmer betritt, geht er rasch auf ihn zu und fragt lebhaft:

»Nu, was sagense dazu, Herr Professorleben, dass ich wieder da bin?«

Dem Reisenden einer Berliner Konfektionsfirma ist während seiner Tour beim Brande des Hotels, in dem er wohnte, ein Anzug unbrauchbar geworden. Auf seiner Spesenrechnung erscheint daher der Posten:

»Ein Anzug ... 75 Mark.«

Der Chef will das nicht gelten lassen und streicht kurzerhand den Betrag von der Liquidation.

Als der Reisende das nächste Mal seine Rechnung vorlegt, fragt ihn der Chef:

»Na, Meyersohn, ist wieder ein Anzug drin?«

Und Meyersohn:

»Drin ist er ... Sie werden ihn nur nicht finden ...«

***

Der Chef eines berühmten Frankfurter Bankhauses muss sich auf seine alten Tage entschließen, eine Badereise zu machen, und er ist deshalb genötigt, einen Vertreter zu bestellen.

Dazu ist der erste Buchhalter ausersehen, ein Mann, der seit fast dreißig Jahren im Hause ist und im vollsten Maße das Vertrauen des Chefs genießt. Dieser lässt nun den Beamten in sein Privatkontor kommen.

»Meier«, spricht er feierlich, »während ich weg bin, werden Sie die Ehre haben, für unser Haus per procura zu zeichnen; Sie werden sein von heut an Prokurist, Meier ...«

»Ich danke Ihnen für diese Auszeichnung«, sagt Meier glückstrahlend. »Und Sie dürfen versichert sein – – –«

»Schon gut, schon gut«, unterbricht ihn der Chef. »Und nu sagen Sie mir, Meier, was haben Sie bis jetzt bekommen für'n Salair?«

»Achtzehnhundert Taler«, erwidert Meier voll freudiger Erwartung.

»Gut … sollen Sie von heut an, weil Sie sind Prokurist von unser Haus geworden … sollen Sie haben … fünfzehnhundert Taler …«

»Aber das ist doch weniger«, stammelt Meier.

»Ja, Meier, dreihundert Taler sind for der Ehr' …«, erklärt der Chef feierlich.

Ein Berliner Bankier, dessen Geiz bekannt ist, begeht sein fünfundzwanzigjähriges Geschäftsjubiläum und ist aus diesem Anlasse Gegenstand zahlreicher Ehrungen. Auch der Kronenorden vierter Klasse trifft ein. Der Mann ist so glücklich und so guter Laune, dass er, um seiner Freude Ausdruck zu geben, beschließt, auch seinem Personal an diesem Tage eine besondere Freude zu bereiten. So lässt er denn, nachdem er die Glückwünsche der Leute empfangen, jedem der Angestellten seine – Fotografie überreichen.

Als er dann – im Festgewande, den funkelnden Orden auf der Brust – durch die Geschäftsräume geht, findet er seinen Prokuristen Lewinsohn vertieft in den Anblick der Fotografie.

»Na, lieber alter Freund«, sagt er gemütlich, »war das nu eine Überraschung? Was sagen Sie zu meiner Idee?«

Lewinsohn blickt auf, sieht den Bankier an, dann das Bild, darauf wieder seinen Chef und sagt trocken:

»Sieht Ihnen ähnlich, Herr Kommerzienrat …«

***

Joel Pulvermacher und Wolf Manasse, zwei Pelzhändler aus Krakau, sind scharfe Konkurrenten und hassen einander wie die Sünde. Wo sie sich geschäftlich schädigen können, tun sie es, und wenn sie einmal mit- oder übereinander sprechen müssen, so sind gegenseitige Ehrenbeleidigungsklagen die Folge davon.

Zur Messe sind beide in Leipzig. Da sie das gleiche Geschäft haben, besuchen sie auch dieselben Firmen und begegnen sich da und dort, niemals aber ohne durch Gebärde und Blick ihren Hass, ihren Abscheu voreinander deutlich zum Ausdruck zu bringen und eine Verwünschung vor sich hinzumurmeln.

Eines Abends weiß Manasse nichts mit sich anzufangen, und er geht in ein Tingeltangel. Das Lokal ist ganz voll und ein Kellner bugsiert ihn durch das Gedränge an ein Tischchen, wo noch ein einziger

Stuhl unbesetzt ist. Und gerade neben diesem einen freien Stuhl sitzt Joel Pulvermacher, der seinen Konkurrenten höhnisch ansieht, aber keine Miene macht, aufzustehn und den Saal zu verlassen.

Manasse bleibt also nichts übrig als neben seinem Feind Platz zu nehmen und ein Glas Bier zu bestellen. Er wird doch nicht weichen … er! Gerade nicht! So sitzen sie denn da: Manasse nach rechts, Pulvermacher nach links blickend, jeder mit dem Gedanken beschäftigt, wie er dem andern einen Verdruss bereiten könnte.

Es tritt die Pause ein, und die Sängerinnen steigen von der Bühne herunter; sie gehen – Teller in der Hand – im Saale umher, um ihren Lohn abzusammeln. So kommt eine an den Tisch, an dem die beiden Krakauer sitzen und reicht ihren Teller zuerst Joel Pulvermacher hin. In dem blitzt es nun auf: Manasse ist ein Geizkragen, und wenn ich jetzt gebe eine Mark, wird er doch müssen geben zwei Mark … und das wird ihn ärgern bis in seine Todesstunde … Er zieht also umständlich seine Börse, entnimmt ihr das Silberstück und sagt:

»Weilse gesungen haben so schön, geb' ich Ihnen eine Mark!«

Manasse hat das gesehen und gehört, aber als das Mädchen ihm den Teller hinhält, zeigt er lächelnd auf Pulvermacher und ruft:

»Was wollense denn von mir? Wir zwei beide gehören doch zusammen …«

Ein Börsenbesucher ist mit dem Bankhause, das die Geschäfte für ihn besorgt, unzufrieden, da er sich übervorteilt glaubt. Er schreibt deshalb einen Brief an die Firma, in dem er erstens eine höhere Verzinsung seiner Kapitalien verlangt und zweitens den dringenden Wunsch ausspricht, ehrlich und anständig bedient zu werden.

In der Antwort des Bankhauses heißt es:

»In Bezug auf den ersten Punkt wollen wir Ihnen entgegenkommen und Ihnen ein Prozent mehr bewilligen. Was den zweiten Punkt betrifft, so bedauern wir, uns nicht in Experimente einlassen zu können …«

Der Referendar Saul Pfefferling in Gnesen, ein junger, wohlhabender Mann, gilt mit Recht als Dandy, als Stutzer, der alle Moden mitmachen muss, und da einige seiner Kollegen Pferdeliebhaber sind und jeden Tag ausreiten, muss er das unbedingt auch tun, obwohl er nicht reiten kann. Aber dem lässt sich abhelfen, und so begibt er sich eines Tages zu dem Rosshändler Koppel Menkes und ersucht ihn, ein recht frommes Pferd für ihn auszusuchen.

Menkes versichert, dass der Fuchswallach, den er dem Referendar verkauft, ganz außergewöhnlich und unglaublich fromm sei, und so macht Pfefferling schon am nächsten Tage, einem Sonnabend, an dem den Juden wegen der Gebote über die Sabbatheiligung das Fahren, Reiten usw. verboten ist, seinen ersten Versuch, der sehr übel ausfällt. Das Tier wird unterwegs scheu und stürmt mit seinem Reiter in die Synagoge, in deren Vorhalle es ihn zum Gaudium der Anwesenden prompt abwirft.

Als Pfefferling dem Händler Vorwürfe macht, dass er ihm kein frommes Pferd gegeben, meint Menkes:

»Wenn es am Sabbat in die Synagoge will, ist es doch gewiss sehr fromm ...«

Zwei Posener Kommis schaffen sich zusammen ein Reitpferd an. Als sie darüber beratschlagen, wie sie das Tier benutzen sollen, damit keiner von ihnen zu kurz komme, meint der eine:

»Ganz einfach ...Reit' ich, so gehst du ... Und gehst du, so reit' ich ...«

Wer Talmud studiert hat, ist – nach einem jüdischen Worte – zu jedem Geschäfte tüchtig; denn im Talmud ist alles enthalten, was es für jeden Beruf an trefflichen Lehren und guten Ratschlägen gibt.

So kann es denn Juda Federweiß nicht fehlen, als er nach Beendigung seiner Studien heiratet und sich nun dem Handel zuwenden soll, denn er war ein ausgezeichneter Talmudschüler gewesen und hatte sich wiederholt als tiefer und scharfsinniger Denker erwiesen.

Natürlich darf ein so hervorragender Mann, besonders da er einen reichen Schwiegervater zur Seite hat, keinen Kramhandel unternehmen, die Geschäfte müssen vielmehr ins Große gehn. Darum soll Juda Federweiß zur nächsten Messe nach Leipzig fahren, um zu sehen, wie es im Handel zugeht, und seine ersten Einkäufe machen.

Ehe er die weite Reise von Tarnow nach Leipzig unternimmt, vertieft er sich noch einmal in seinen Talmud und prägt sich aus ihm ganz besonders die Lehre ein: »Willst du gewinnreichen Handel treiben, so sieh zu, dass du eine Ware feilbietest, die niemand außer dir zum Verkaufe stellt, denn es müssen dann alle zu dir kommen, die diese Ware haben wollen ...«

Diesen Grundsatz beschließt der junge Gelehrte treulich zu befolgen, und so hält er, in Leipzig angekommen, in den Magazinen Umschau. Dabei sagt er sich: »Kauf ich, was die andern kaufen, so bekomme ich doch nicht das, was nur ich allein verkaufen will; ich muss also zu kaufen suchen, was die andern nicht kaufen.«

Gedacht, getan. Nach langem Suchen macht er zwei Artikel ausfindig, an denen die anderen Einkäufer vorübergehen, und so erwirbt er bei den Fabrikanten einen Ballen Strümpfe mit Fingern für die Zehen und einen Ballen Handschuhe ohne Finger.

Voll Freude darüber, die Lehren des Talmuds so vorzüglich angewandt zu haben, kehrt er mit seinen zwei Ballen nach Tarnow zurück und erwartet den Andrang der Kunden. Diese aber wollen nicht kommen; denn weder hier noch in anderen Städten, wohin er seine Waren zu Markte bringt, will jemand etwas von Fingerstrümpfen und fingerlosen Handschuhen wissen. Die Sachen erweisen sich als unverkäuflich, und Juda Federweiß versenkt sich von Neuem in seine Bücher, um zu ergründen, wie er Strümpfe und Handschuhe loswerden könnte.

Wieder belehrt ihn der Talmud: »Besitzest du eine Ware, die du nicht verkaufen kannst, so gehe hin und biete sie zum Tausch an gegen eine, die sich eher verkaufen lässt. Selbst wenn du einen kleinen Verlust dabei erleidest, hast du noch immer einen Gewinn davongetragen.«

Auch dieser Grundsatz leuchtet dem gelehrten Handelsmann ein, und da wiederum die Leipziger Messe bevorsteht, wendet er sich an zwei kluge Agenten, übergibt jedem einen der Warenballen und den Auftrag, die Ware gegen irgendeine andere umzutauschen, wenn auch etwas darauf gezahlt werden müsste.

Nach einiger Zeit erhält er von beiden Beauftragten die Nachricht, dass es ihnen nach langem Handeln gelungen sei, einen guten Erfolg zu erzielen. Gleichzeitig schickt ihm der Agent, dem er die Strümpfe übergeben, den Ballen mit den Handschuhen, und der Vermittler, der die Handschuhe umtauschen sollte, den Ballen mit den Fingerstrümpfen …

Und jeder berechnet außer seiner Agentengebühr als Aufzahlung für den Umtausch den runden Betrag von dreißig Gulden.

So gut lernt man aus dem Talmud den Handel …

»Spaß«, sagt Max Bromberger zu seinem Freunde Isidor Breslauer. »Spaß, Isidor, hast du eine schöne Frau bekommen!«

»Nicht wahr?«, meint Breslauer stolz. »Ich sag' dir, ich hab' auch noch andere kriegen können zu dem gleichen Betrage, aber bei der hab' ich zugegriffen …«

Um zwei Uhr nachts klingelt beim Eier-Engros-händler Rosenstein das Telefon äußerst stürmisch.

Rosenstein fährt aus dem Schlafe auf und läuft besorgt zum Fernsprecher.

»Wer ist dort?«, fragt er.

»Hier Natan Zucker! Sie haben einen Wechsel von mir, der morgen fällig ist, Herr Rosenstein.«

»Gut, gut«, schreit der Angerufene. »Und was wollen Sie eigentlich?«

»Ich will Ihnen nur sagen, Herr Rosenstein, dass ich nicht bin in der Lage, den Wechsel einzulösen …«

»Mensch«, unterbricht ihn Rosenstein wütend, »und wegen dem wecken Sie mich auf, mitten in der Nacht. Was fällt Ihnen denn ein, Zucker?«

»Gott«, sagt Zucker, »ich hab' nicht können schlafen wegen dem Wechsel, und da hab' ich mir gedacht: Sag's ihm jetzt, da wird er nicht können schlafen.«

Ein junger Kaufmann beschwert sich einem älteren gegenüber, dass er sich langweile.

»Weißte was«, erwiderte der, »stell' nur 'n paar Vierteljahr-Akzepte aus, da sollste sehn, wie schnell dir die Zeit vergeht.«

»Der galizische Eierhandel«, sagte ein Berliner Großhändler, »hat sich in den letzten Jahren in der Weise entwickelt, dass jetzt auch schon die Hennen betrügen …«

Ein Berliner Bankier betritt das Musikzimmer seiner Wohnung und trifft dort sein Söhnchen an, das gerade Klavierstunde hat.

»Nun, Herr Müller«, fragt er den Lehrer, »wie sind Sie zufrieden mit meinem Moritz?«

»Im Ganzen gut, Herr Kommerzienrat; nur gegen die Achtel-Noten scheint er ein Vorurteil zu haben, er spielt immer Sechzehntel …«

»Na«, meint der Kommerzienrat vergnügt, »ein kluger Junge, mein Moritz … Wenn er auskommt mit Sechzehntel, wozu soll er da Achtel nehmen?«

Salo Hirschkopf in Posen unterhält sich mit dem Reisenden einer Berliner Konfektionsfirma. Diesem fällt es auf, dass Hirschkopf jedes Mal, wenn er das Wörtchen »gut« anwenden soll, dafür »bon« sagt.

Verwundert fragt der Reisende:

»Aber, Herr Hirschkopf, sind Sie 'n Franzos' geworden? Warum sagen Sie immer ›bon‹? Warum wollen Sie nicht lieber ›gut‹ sagen?«

Darauf Hirschkopf wehmütig:

»Spaß! Einmal in meinem Leben hab' ich ›gut‹ gesagt ... Was glauben Sie, was mich das gekostet hat für Geld ...«

Der alte Hausierer Karpel Teitelbaum in Budapest, der allgemein »Rothschild« gerufen wird, weil der berühmte Baron des gleichen Namens angeblich ebenfalls als Hausierer seine Laufbahn begonnen hat, ist besonders bei den Offizieren sehr beliebt. Dürfen sie ihn doch necken, aufziehen und ihren Witz an ihm erproben, ohne dass er es groß übel nimmt! Im Gegenteil – er geht bereitwillig auf die mehr oder minder derben Scherze der Herren ein, die sich dafür gelegentlich auch um ein paar Kreuzer von ihm übers Ohr hauen lassen, ohne gleich in Aufregung zu geraten. Das ist gleichsam sein Extralohn dafür, dass sie auf seine Kosten in gute Laune geraten sind.

Eines Dezembertages kommt Teitelbaum mit seinem Tragkasten in das Offiziers-Café und bietet seine Waren an.

»Na, Rothschild, was haben's denn heut Schönes?«, fragt ihn der Rittmeister Ujvar, der zu seinen besonderen Gönnern gehört.

»Was soll ich jetzt haben, Herr Rittmeister? Kalenders hab' ich, neue Kalenderchen ... Sehense her ... Mit alle Täg im Jahr ... mit alle Feiertäg ... mit die christlichen und die jüdischen ... mit alle Heiligen und mits ganze Wetter für alle Täg ... Und alles zusammen für fünfundfünfzig Kreuzer, Herr Rittmeister.«

Teitelbaum den geforderten Preis zu bezahlen geht nicht an, und so einigt sich der Rittmeister schließlich auf vierzig Kreuzer, die er ihm einhändigt. Das Büchlein aber soll Rothschild bei der Frau Rittmeister in der Wohnung abgeben, die der Hausierer kennt.

Er begibt sich auch sogleich hin und sagt der Dame:

»Einen schön' Gruß von Herrn Rittmeister; er schickt mir her und ich soll die gnädige Frau ein Kalenderchen geben ...«

»Schön, Rothschild«, meint die Dame. »Geben Sie her. Was kostet der Kalender?«

»Was soll er kosten? Für vierzig Kreuzer hat er'n ausgehandelt, der Herr Rittmeister.«

Die Frau Rittmeister gibt Teitelbaum das Geld; der Mann bedankt sich und geht freudestrahlend weg. Kaum ist er fort, als der Offizier nach Hause kommt. Er erkundigt sich, ob Rothschild dagewesen, und da er hört, dass der Hausierer sich den Kalender noch einmal habe bezahlen lassen, schickt er schleunigst seinen Burschen aus, der Teitelbaum unverzüglich zurückbringen soll.

Der Bursche holt ihn bald ein.

»Weißte nicht, was der Herr Rittmeister von mir will?«

»Wegen Kalender ist's«, sagt der Husar.

»Ach so«, ruft Teitelbaum, »wegen dem Kalenderchen? Richtig, der Herr Rittmeister hat bei mir so'n Kalender gekauft. Weißte, ich bin ein alter Mann, was soll ich noch die Treppen rauf ... Der Herr Rittmeister will sein Kalenderchen ... hier hast es, gib's ihm ...«

»Was kost?«, fragt der Bursche.

»Was soll's schon kosten? Für vierzig Kreuzer hat er's ausgehandelt, der Herr Rittmeister.«

Darauf zieht der gutmütige Husar seine Börse und händigt Teitelbaum vierzig Kreuzer ein, die der Hausierer vergnügt einsteckt.

Aber er ist nun einmal ein ehrlicher Mann.

»Ich lass den Herrn Rittmeister schön grüßen«, sagt er. »Und weil er so 'ne gute alte Kundschaft ist von mir, nimm gleich zwei Kalender mit für dein Geld ...«

Einige Zeit darauf betritt Teitelbaum wieder das Offiziers-Café. Als der Rittmeister Ujvar ihn bemerkt, sagt er zu seinen Kameraden:

»Wisst Ihr, Kinder, für den Streich, den mir dieser verdammte Rothschild gespielt hat, verdient er eine exemplarische Strafe. Wir wollen ihn ordentlich ärgern.«

Und er ersucht die Herren, Teitelbaum eine Kleinigkeit abzukaufen, aber nicht wie sonst zu feilschen, sondern den geforderten Preis glatt zu bezahlen.

Das geschieht auch. Ein Leutnant erwirbt ein Federmesser für einen Gulden und fünfzehn Kreuzer, ein anderer ein paar Hosenträger, für die er Rothschild sonst achtzig Kreuzer zahlt, für einen Gulden und dreißig Kreuzer und der Rittmeister kauft ein Portemonnaie, für das er dem immer mehr in Erstaunen geratenden Rothschild den verlangten Preis entrichtet, ohne ein weiteres Wort zu verlieren.

Am nächsten Tage – einem Sonnabend – begegnet einer der Offiziere dem Teitelbaum, der zwar feiertägig gekleidet ist aber sehr düster vor sich hinblickt, und fragt ihn, was ihm denn eigentlich zugestoßen sei.

»Nicht geschlafen hab' ich die ganze Nacht«, brummt der vorwurfsvoll, »so haben sie mir geärgert … Ja, Sie auch, Herr Leitnant … So ein Verdruss … Es will mir gar nicht aus 'm Kopf …«

»Wieso haben wir Sie geärgert, Rothschild?«

»Schwer gekränkt haben Sie mir gestern ... Ja, ja ... haben Sie mir bezahlt für meine Sachen, was ich hab' verlangt ... Und wenn ich das hätt' vorher gewusst ... wenn ich das nur hätt' vorher gewusst!«, schreit Teitelbaum.

»Na, was würden Sie getan haben?«

»Kunststück, hätt' ich doch verlangt den doppelten Preis ... Den ganzen Sabbat haben Sie mir verdorben ...«

Daher schreibt sich in Budapest die Redensart: »einem den Sabbat verderben ...«

***

Rauchfeld, ein kleiner Kaufmann in Breslau, steht vor seinem Laden. Wie er so die Straße hinunterblickt, sieht er Herrn Löwi, einen seiner Gläubiger, daherkommen. Er geht ihm schnell entgegen, bleibt vor dem Verdutzten stehn und schreit ihn an:

»Wer bezahlt mir?«

***

Ein anderer Breslauer, ein Großhändler, blättert in seinen Geschäftsbüchern.

»Kohn!«, ruft er seinem Buchhalter zu, der ihm gegenübersitzt. »Da finde ich, dass uns Perl Krojanker in Kempen seit acht Monaten 325 Mark schuldet ... Schreiben Sie ihm eine Postkarte und mahnen Sie ihn ... Es ist die höchste Zeit, dass er zahlt.«

»Aber Herr Schottländer«, erwidert Kohn, »auf einer offenen Postkarte darf man nicht mahnen ...

Er kann uns verklagen wegen Beleidigung und Geschäftsschädigung ... Das darf man nicht.«

»Stuss!«, ruft Schottländer. »Ich werd' Ihnen zeigen, dass man ja darf, Kohn ... Es kommt alles auf die Form an ...«

Der Buchhalter reicht ihm die adressierte Postkarte hinüber, und der Chef schreibt:

»Herrn Perl Krojanker in Posen. Nuuu?
Hochachtungsvoll
G. Schottländer.«

Von den Dummen
und Dreisten

In die Wirtschaft von Jakob Nachtweh in der Grau-
pengasse zu Krakau tritt um die Mittagsstunde ein
Mann und nimmt umständlich an einem der gedeck-
ten Tische Platz. Der Wirt begrüßt ihn und fragt:

»Soll ich Ihnen bringen ein Suppen?«

»Meinetwegen!«, sagt der Fremde nicht gerade
freundlich.

»Soll ich Ihnen geben einen Braten?«, fragt
Nachtweh, nachdem die Suppe ausgelöffelt ist.

»Meinetwegen geben Sie mir einen Braten!«, erwidert der Mann mürrisch.

»Und vielleicht ein Gläsel Bier, was?«, meint der
Wirt ermunternd.

»Meinetwegen!«

»Und dann hätt' ich ein schön Stück Appelkugel von Sabbat«, meint der Wirt. »Soll ich Ihnen
bringen?«

»Meinetwegen!«, brummt der Mann.

Als er aber mit dem Essen fertig ist, erhebt er sich
und schreitet wortlos zur Tür. Dort hält ihn Nachtweh auf und verlangt Bezahlung.

»Bezahlen?«, ruft der Fremde. »Für was soll ich
bezahlen?«

»Für was Sie sollen bezahlen? Spaß, Sie haben doch gegessen ein Suppen, ein Braten, ein Bier, ein Appelkugel …«

»Gegessen hab' ich … aber hab' ich denn essen wollen? … Sie haben mir gefragt, ob Sie sollen bringen, und ich hab' gesagt ›meinetwegen‹ … Wieso soll ich da bezahlen? Hab' ich was bestellt?«

Nachtweh hält den Zechpreller fest, muss jedoch über den Streich, den der Schnorrer ihm gespielt, lachen. Nachdem er ihn ordentlich abgeschüttelt hat, sagt er:

»Du Gannef (Spitzbube), ich will dir das schenken, aber du musst jetzt gleich tun, was ich dir heiße.«

»Und was soll ich tun?«

»Geh' rüber über die Gass' in die Wirtschaft von Efraim Taglicht … siehste … dort … und bei ihm machste dieselbe Sach' … genauso wie bei mir …«

Der Mann hat die Tür bereits geöffnet und steht halb im Freien.

»Das kann ich nich machen!«, ruft er.

»Warum kannste nich?«, schreit der Wirt wütend. »Warum kannste nicht, du Gauner?«

»Er hat mir doch zu Ihnen geschickt …«

Herr Doktor Kohn begegnet auf der Straße seinem langjährigen Patienten Isaak Baumwoll. Der Mann, ein Hausierer, sieht sehr schlecht aus, und der Arzt sagt zu ihm:

»Mein lieber Baumwoll, wenn Sie gesund werden wollen, dann machen Sie, dass Sie nach Karlsbad kommen!«

»Gott, Herr Dokter«, meint der Kranke. »Ich möcht' schon, aber hab' ich denn Geld für Karlsbad? Ich bin froh, dass ich mich so durchschlagen kann in Berlin.«

»Ja, Baumwoll, da müssen Sie eben hier eine Karlsbader Kur gebrauchen. Trinken Sie jeden Morgen eine Flasche Karlsbader Wasser.«

»Lieber Herr Dokter, wie soll ein armer Mensch das machen? Hab' ich Geld auf eine Karlsbader Kur?«

Doktor Kohn ist in guter Laune; er holt ein Zwanzigmarkstück aus seinem Portemonnaie hervor und reicht es dem Hausierer.

»Hier … machen Sie die Kur auf meine Kosten, Baumwoll. Jeden Tag eine Flasche! Nicht mehr und nicht weniger! So reicht es auch gerade für eine Kur …«

Isaak Baumwoll bedankt sich mit überschwenglichen Worten, verspricht alles und entfernt sich freudestrahlend.

Eine Woche später trifft ihn Doktor Kohn wieder auf der Straße und fragt ihn, wie ihm die Kur bekomme?

»Welche Kur?«, meint Baumwoll verlegen.

215

»Mensch, ich habe Ihnen doch zwanzig Mark geschenkt, damit Sie Karlsbader Wasser trinken. Warum
tun Sie das nicht?«

»Gott, Herr Dokter«, gibt Isaak Baumwoll zur Antwort. »Ich hab' mir gedacht, nu haste einmal zwanzig
Mark … nu wirste erst konsultieren eine Kapazität …«

❧❀☙

Salmche Pfefferminz in Wieliczka gab schon in seiner
frühesten Jugend so hervorragende Beispiele seiner
besonderen Einfalt und Ungeschicklichkeit zu allen
möglichen Dingen, dass man ihn »das Schlemielche«
nannte. Und er selbst gewöhnte sich so an diesen
Spitznamen, dass er bis zu seinen Jünglingsjahren
nicht anders von sich sprach als von »Schlemielche.«

Eines Tages ging sein Vater mit ihm zum Rabbi
und trug diesem vor, dass Schlemielche ein ganz guter, braver Junge sei, aber am Morgen mit dem Anziehen nicht fertig werden könne, da er über Nacht immer vergesse, wohin er am Abend vorher seine Kleider hingelegt habe. Die Strümpfe lägen manchmal
auf dem Ofen, manchmal im Hausflur, die Pekesche
(der lange Rock der polnischen Juden) irgendwo im
Geschäftsladen usw. Und an Ordnung in diesen Dingen sei der Knabe nun einmal nicht zu gewöhnen.

Der Rabbi gab folgenden Rat: Schlemielchen sollte allabendlich auf einen Zettel schreiben, wohin er

seine Sachen getan, dann würde er alles schnell wiederfinden. Schlemielche versprach das feierlich und schon an demselben Abend befolgte er gewissenhaft den guten Rat des Rabbi.

Am nächsten Morgen aber gab es ein großes Geschrei im Hause. Schlemielche stand im Hemde da, seine rasch aufgefundenen Kleider auf dem Arm, und heulte, er könne sich nicht anziehen, weil er eine Sache nicht finde, trotzdem er genau aufgeschrieben, wo sie liegen sollte. Aber sie läge nicht da.

»Du hast doch alles!«, schrie ihn sein Vater an. »Was fehlt dir denn noch?«

Und der Junge weinend:

»Da, auf'm Zettel steht doch geschrieben: ›Schlemielche liegt im Bett‹ … Und er liegt doch nicht … und ich kann ihm nicht finden …Und wen soll ich jetzt anziehn?«

⁓

Schlemielche kehrt eines Nachts spät von einer Fahrt nach Krakau zurück. Er klopft an das Tor des Hauses, vor dem er in tiefster Dunkelheit steht. Von innen fragt seines Vaters Stimme: »Wer ist da?«

Da eine Antwort nicht erfolgt, entfernt sich der alte Pfefferminz wieder.

Schlemielche wartet eine Weile, dann beginnt er von Neuem und stärker zu klopfen. Zum zweiten

Mal steigt sein Vater aus dem Bett, geht an die Tür und fragt wieder: »Wer ist da?«

Keine Antwort.

Trotzdem öffnet Pfefferminz das Tor. Als er seinen Sohn vor sich sieht, fährt er ihn an:

»Was gibste dir nicht zu erkennen, wenn ich schon frag'?«

»Wieso nicht zu erkennen?«, meint Schlemielche treuherzig. »Ich hab' doch genickt …«

—◆—

Einmal geht Schlemielche mit dem Rabbi, der sich oft genug bemüht, aus dem Sohne seines Freundes ein Fünkchen Verstand herauszubringen, am Ausgang des Sabbats spazieren. Die Sonne geht gerade unter, und der Anblick begeistert den jungen Mann zu dem Ausruf:

»Seht doch, Rabbi, wie schön die Sonn' dort untergeht im Osten.«

»Schlemielche«, meint der Rabbi freundlich. »Sie geht doch nicht unter im Osten, sie geht doch unter im Westen.«

»Ich weiß«, sagt Schlemielche, »aber ich bin doch links …«

—◆—

Schlemielche Pfefferminz kommt einmal sehr hungrig nach Hause und seine Mutter setzt ihm eine Schüssel mit Powidel-Knödeln (Pflaumenmus-Klößen) vor, deren Vertilgung er sich – ist es doch sein Lieblingsgericht – mit Eifer angelegen sein lässt. Schließlich kann er nicht weiter, trotzdem noch fünf der schönen, großen Klöße auf dem Teller liegen.

Er betrachtet sie wehmütig und meint:

»Hätte ich vorher gewusst, dass die fünf Knödel übrig bleiben werden, hätt' ich sie zuerst gegessen ...«

<hr />

Einmal aber war Schlemielche wirklich sehr schlau. Er hatte – natürlich in seiner polnischen Tracht – eine Reise mit der Eisenbahn gemacht und erzählte nach seiner Rückkehr seine Abenteuer.

»Es war alles sehr schön, so lang ich bin gefahren in Galizien. Aber wie ich bin gekommen zu die Deitschen nach Schlesien, da ist es geworden sehr gefährlich. Der Coupé ist gewesen ganz voll mit Deitsche Leut', und die haben angefangen zu schelten auf die Juden. Spaß haben sie gescholten! Dass ich bin geworden angst und bang für mein Leben, so haben sie gescholten – – –«

»Nu«, fragte man, »und was ist dir geschehn, Schlemielche? Was haben sie dir getan?«

Schlemielche lacht und dreht seine Stirnlöckchen.

»Mir?«, antwortet er stolz. »Was sollen sie mir getan haben? Ich hab' mir doch nech gegeben zu erkennen …«

Moritz Elischer, ein verarmter Kaufmann, ist aus Meseritz nach Berlin gekommen, und es gefällt ihm hier so gut, dass er das Abreisen völlig vergisst. Den Verwandten, bei denen er sich häuslich eingerichtet, wird der Gast nach und nach lästig, und sie lassen es nicht an Anspielungen fehlen, um Onkel Elischer an seine Heimat zu erinnern.

Eines Mittags beginnt die Hausfrau über die Preise der Lebensmittel in Berlin zu klagen; besonders das Fleisch – und Elischer ist ein Liebhaber von Fleischspeisen – sei so teuer geworden, dass man das Geld dafür kaum noch erschwingen könne.

Da sagt Moritz Elischer:

»Ja, und wenn man so denkt, dass man in Meseritz ein ganzes Kälberviertel schon bekommt für zwei Mark fünfzig …«

»Und warum machste da nicht schnell wieder nach Meseritz?«, unterbricht ihn sein Verwandter eifrig.

Darauf Elischer, die Achseln zuckend:

»Aber wer hat dort zwei Mark fünfzig?«

Samuel Grobtuch hat seinem Vetter Jonas, der aus Krakau zum ersten Mal nach Wien kommt, vom Nordbahnhof abgeholt und geht mit ihm durch die Praterstraße seiner Wohnung zu.

»Dass ich nicht vergeh', Samuel«, sagt Jonas freundlich, »dein Vatter und deine Mutter lassen dir grüßen!«

»Schön«, meint Samuel und lacht. »Du hast mir das zwar schon auf dem Bahnhof gesagt, aber zweimal schadt auch nicht. Ich dank dir schön.«

Als sie an der Ferdinandstraße angelangt sind, nimmt Jonas wieder das Wort:

»Samuel, ich soll dir noch sagen, dass dein Vatter und deine Mutter dir grüßen lassen!«

»Gott, Jonas«, fährt Grobtuch nervös auf. »Was sagste mir das noch einmal? Ich weiß doch schon.«

»Ja«, erwidert Jonas und schüttelt verwundert den Kopf, »sie lassen dir doch tausendmal grüßen!«

Auf der Fahrt von Posen nach Berlin bemerkt ein Reisender kurz vor der Endstation, dass er seine Fahrkarte verloren habe. Die Sache ist ihm umso unangenehmer, als er gleich nach der Ankunft in

Berlin zu Gericht muss, um einen Termin wahrzunehmen, und die langwierigen Umständlichkeiten an der Billetkontrolle scheut. Er wollte lieber, meint er, einen Taler opfern, als wegen dieses Missgeschicks den Termin versäumen.

»Nu«, sagt ein Herr, der bisher ruhig in seiner Ecke gesessen hatte, »wenn's weiter nichts ist … Für'n Taler geb' ich Ihnen mein Billet und Sie sind gleich aus allen Verlegenheiten.«

»Und Sie?«

»Ich werd' mir schon helfen, denn ich hab' mehr Zeit als Sie.«

Das Geschäft wird gemacht, der gefällige Reisende notiert sich einiges und übergibt dem andern seine Karte.

Der passiert natürlich anstandslos die Kontrolle, nachdem er das Billet abgegeben hat, während – ebenso natürlich – der kartenlose Herr, als er sich an dem Billeteur vorüberdrängen will, angehalten wird.

Er protestiert dagegen mit der entrüsteten Behauptung, dass er das Billet ordnungsmäßig abgegeben, muss aber trotzdem vor der Schranke bleiben, bis der Strom der Reisenden sich verlaufen hat. Dann wird der Stationsbeamte gerufen und diesem der Fall vorgetragen.

»Ja, sagt der, »wie wollen Sie denn beweisen, dass Sie das Billet abgeliefert haben?«

»Wie ich das beweisen kann? Spaß! Ich bin doch ein Kaufmann und pflege mir die Nummer von dem

Billet aufzuschreiben« ... Damit zog er sein Notiz-
buch aus der Tasche ... »Hier, da haben Sie ... Mein
Billet hat gehabt die Nummer ... 7541 ... Sehn Sie
nach unter den abgegebenen Billets ... Und außerdem pflege ich noch zu schreiben auf das Billet meinen Namen ... Isidor Kohn, Posen ... Muss also
auch stehen auf der Karte ...«

Die Angaben sind präzis; der Beamte prüft die abgegebenen Karten und findet sehr bald die mit Isidor Kohn bezeichnete Nummer 7541. Infolgedessen
ersucht er höflichst, das Versehen zu entschuldigen.

Da nimmt Isidor Kohn aus Posen eine großartige
Miene an und ruft:

»Wie heißt entschuldigen ... Das Beschwerde-
buch will ich haben!«

Einem polnischen Gutsbesitzer ist die Jagdflinte gestohlen worden. Kurze Zeit darauf wird ein Gewehr
bei einem Bauer gefunden, und der Gutsbesitzer soll
durch Zeugen vor Gericht nachweisen, dass die
Waffe tatsächlich ihm gehöre.

Einer dieser Zeugen ist der Faktor Baumöl, der
vom Richter gefragt wird, ob er die Flinte als Eigen-
tum seines Herrn wiedererkenne.

»Ob ich sie wiedererkenne! Auf'n ersten Blick! Das
ist doch das Gewehr von unsern Herrn Grafen ...«

»Und woran erkennen Sie das?«

»Gott!«, meint Baumöl, »woran? Ich hab' doch gekannt dem Gewehr, wie es noch ist gewesen ein ganz kleines Pistol …«

Jakob Guttmann, ein kleiner schlesischer Hausierer, hat in Böhmen allerlei Glaswaren eingekauft und auf seinen Schubkarren geladen. Es ist eine schwere Last, die er da über den Berg nach Hause zu fahren hat, doch hofft er auch diesmal – wie so oft schon – seinen zerbrechlichen Kram glücklich heimzubringen. Aber das ist leichter gedacht als geschehn, denn der Berg ist steil und die schmale, steinige Fahrstraße infolge des letzten Gewitterregens glatt und schlüpfrig. So geht es denn sehr mühsam vorwärts, und Jakob Guttmann muss immer wieder Halt machen, um Atem zu schöpfen und sich den Schweiß von der Stirn zu wischen. Als er die Hälfte des Weges zurückgelegt hat, glaubt er fast nicht weiter zu können. Indes, es nützt nichts; er muss bis zum Abend zu Hause sein, und so rafft er sich nach kurzer Rast auf, wirft einen Blick zum Himmel und sagt:

»Lieber Gott, wenn du mir möchst helfen, das Glas glatt rüber zu bringen über den Berg, werd' ich geben für die Armen in unserer Gemeinde drei gute Groschen!«

Damit fasst er seinen Schubkarren wieder an und fährt – als hätte ihm das Gelübde neue Kräfte gegeben – rüstig vorwärts. Nach einer Stunde hat er die schwierigste Stelle überwunden, und es geht jetzt bergab. Da denkt Jakob Guttmann, dem ganz fröhlich zu Mut geworden, so in seinen innersten Gedanken: »Das wär' geschafft … Nu, es wird vielleicht sein genug, wenn ich werd' geben für die Armen einen guten Groschen …«

In demselben Augenblick stößt er mit seinem Karren gegen eine Baumwurzel.

»Gott!«, ruft Jakob Guttmann erschrocken. »Ich hab' noch nichts gesagt – und schon stupst er …«

Auf dem Bahnhof in Krakau stehen Kiwe Rosenstrauch und Falk Goldwasser, als zwei Züge hinlaufen: der eine von Wien her, der andere von Lemberg. Es sind Soldatentransporte; in dem Wiener Zuge befindet sich ein ungarisches Regiment, in dem Lemberger ein deutsches, das mit jenem die Garnison wechselt.

Goldwasser erklärt das dem Rosenstrauch.

»Siehste«, sagt er, »die mit die enge Hosen (die Ungarn) werden geschickt von Wien nach Przemysl, und die mit die Pantalons werden geschickt von Przemysl nach Wien …«

»Heißt was für Umständ'!«, meint Rosenstrauch. »Was schicken se die ganzen Menschen? Mocht' nicht sein billiger, wenn sie möchten schicken die engen Hosen nach Przemysl und die Pantalons nach Wien?«

»Ja«, ruft Goldwasser. »Ja, wenn sie möchten haben für jeden zwei paar Hosen …«

Einer angesehenen Gemeinde Galiziens kommt eines Tages die Nachricht zu, dass eines ihrer Mitglieder sich in der Fremde, in Mähren, eines schweren Verbrechens schuldig gemacht habe; der Mann sollte des Raubmords angeklagt sein und die Verhandlung vor dem Schwurgericht zu Brünn schon in acht Tagen stattfinden.

Man zieht sofort auf telegrafischem Wege Erkundigungen ein – die Sache stimmt; so unglaublich es auch allen klingt, es ist nun einmal Tatsache, dass Mendel Maggid unter der Anklage des Raubmordes steht. Die Trauer ist groß, denn die Gemeinde hält es für eine schwere Schmach, dass einer der Ihrigen wegen eines so unerhörten Verbrechens hingerichtet werden sollte. Das würde den guten Ruf des Städtchens für lange Jahre vernichten.

Solches aber darf nicht sein, und deshalb beschließt man, sichere Leute nach Brünn zu schi-

cken, die den einen und andern Geschworenen dafür »gewinnen« sollten, recht milde zu sein, sodass
der unglückselige Mendel Maggid wenigstens der
Todesstrafe entgehe. Die Abgesandten haben Glück,
unter den Geschworenen befindet sich Herr David
Muskat, der aus jener galizischen Gemeinde
stammt. Natürlich suchen sie ihn auf und verabreden mit ihm das Folgende: Wenn es seinem Einfluss
gelänge, dass Mendel Maggid nicht zum Tode, sondern zu fünfzehn Jahren Kerker verurteilt würde,
dann sollte er – David Muskat – für seine Mühe und
seine Kosten fünftausend Gulden bekommen.

Die Verhandlung findet statt, und der Angeklagte
wird tatsächlich zu fünfzehn Jahren Kerker verurteilt.

Darauf begeben sich die Abgesandten der Gemeinde zu David Muskat, bedanken sich bei ihm und
übergeben ihm die vereinbarte Summe. Aber ihr
Landsmann ist nicht zufrieden; er will mehr haben.

»War das eine Arbeit«, jammert er, »die Geschworenen dazu zu bringen! War das ein schwer Stück
Arbeit!«

»Habense ihn denn wirklich wollen schuldig
sprechen wegen Raubmord?«, fragen sie entsetzt.

»Wie heißt schuldig?«, schreit Muskat. »Wer redt
davon? Freisprechen haben sie ihn doch gewollt.«

Beim Rekruten-Unterricht sucht der Unteroffizier dem Infanteristen Stern zu erklären, in welcher Weise er die Honneurs zu machen habe, wenn die kaiserliche Hofequipage an ihm vorüberfahre: Front machen und stramm »habt acht!« stehn ...

Stern scheint verstanden zu haben, und der Unteroffizier will sich davon überzeugen.

»Also, Stern, passen Sie auf!«, ruft er: »Ich bin jetzt die kaiserliche Hofequipage ...« Damit läuft er zweimal an Stern vorbei, der seine Haltung nicht verändert und gemütlich vor sich hinlacht.

»Stern!«, schreit der Unteroffizier. »Mensch! Warum machen Sie nicht Front ... Warum stehn Sie nicht ›habt acht‹? Ich bin die kaiserliche Hofequipage ...«

»Gott«, sagt Stern, »Gott, Herr Korporal ... es sitzt doch keiner nischt drin ...«

⁂

Jakob Hirsch Glücklicher hat seinen Nachbarn verklagt, weil dieser ihm angeblich ein Taschentuch gestohlen hat, ein großes rotes Taschentuch, das mit dreieckigen Figuren gemustert ist und zur Zeit, da dies Geschichtchen sich abspielte, in großen Mengen hergestellt wurde.

Das Corpus Delicti liegt auf dem Tische vor dem Richter, der Glücklichers Redeschwall lächelnd anhört.

Als der Kläger zu Ende ist, meint der Richter gemütlich:

»Sagen Sie mal, Glücklicher, warum soll dies Taschentuch gestohlen sein? Woran wollen Sie denn erkennen, dass es Ihnen gehört? Sehen Sie« – damit zog er sein eigenes Taschentuch hervor, das dem entwendeten ganz gleich war – »sehen Sie, ich habe doch auch genauso ein Tuch – – –«

»Warum sollen Sie nicht so ein Tuch haben?«, unterbricht ihn Jakob Hirsch Glücklicher heftig. »Es sind mir doch zwei gestohlen worden … «

⁂

Es ist vielfach die Meinung verbreitet, dass die polnischen Juden eine Abscheu vor dem Baden haben: eine durchaus falsche Meinung, da es den Frommen vorgeschrieben ist, allmorgendlich vor dem Frühgebet ein Reinigungsbad zu nehmen, mindestens aber – und das gilt für den vornehmsten wie für den geringsten Juden, mag er daheim oder unterwegs sein – am Freitag vor Anbruch des Sabbats. Denn nur mit tadellos reinem Körper darf der Israelit vor Gott treten. Es mag aber wohl sein, dass die oft schmutzige, ungepflegte Kleidung des armen polnischen Juden den Verdacht hervorruft, als sei auch sein Körper vernachlässigt, und so sind eine ganze Reihe von Spottgeschichtchen entstanden, die die Abneigung der

Leute jüdischen Stammes vor dem Waschen und Baden zum Gegenstande haben, Geschichtchen, die – wie der Kenner weiß – gerade von Juden erdacht worden sind, um jene ihrer Glaubensgenossen zu geißeln, die die Gebote der Reinigung aus Trägheit oder Unverstand nicht beachten. Einige davon seien hier wiedergegeben:

Isaak Wasserscheu sitzt in tiefem Nachdenken da.

»Was klärst du Gutes?«, wird er gefragt.

»Ich klär' über das«, gibt er zur Antwort: »Mannechesmal wascht man sich den Kopp, und mannechesmal wascht man sich die Hand … Warum wascht man sich nie die Füß'?«

―‒‒―

Isidor Smaragdstein soll am nächsten Tage nach Krakau zur Brautschau. Seine Mutter befiehlt ihm, sich recht sauber zu machen, ein Bad zu nehmen und sich gründlich zu waschen.

»Nu, und wenn aus der Partie nichts wird?«, erwidert er unwirsch.

―‒‒―

Als Karpel Fischgut sich am Vorabend des Osterfestes in die Badewanne setzt, meint er so recht behaglich:

»Gott, wie die Zeit vergeht! … Wieder ein Jahr rum …«

Einem alten, kranken Juden verordnet der Arzt zwölf Bäder. Der Patient sieht ihn erstaunt an und fragt:

»Herr Dokter, könnense mir denn garantieren, dass ich noch leben werde zwölf Jahr?«

Eine zärtliche Mutter sagt zum Lobe ihrer Kinder:

»Spaß, ist mein Isaak und mein Elias reinlich! Jeden Sabbat geb ich ihnen ein frisches Handtuch und am nächsten Sabbat ist es noch immer ganz sauber ...«

»Einmal ... vor elf Jahren ... ich hab fünf Gulden Straf' zahlen müssen.«

»Was hatten Sie denn angestellt?«

»Ich hab' gebadet in der Donau an verbotener Stelle.«

»Und seitdem?«, inquiriert der Richter.

»Wieso seitdem?«, gibt Veilchenstein zurück. »Seitdem hab' ich doch nicht gebadet ...«

Naftali Pergamenter in Bochnia gehört nicht zu den klügsten Leuten des Städtchens, aber er weiß, dass Bildung und Wissen Ansehn verleihn in der Welt, und so hat er seinen Sohn Saul nach Bielitz in Schlesien geschickt, damit der dort das Gymnasium besuche. Eines Tages trifft ein Brief von dem Jungen ein, aber weder Naftali noch seine Frau können ihn lesen, denn er ist – zum ersten Mal – mit deutschen Buchstaben geschrieben anstatt wie sonst in den üblichen jüdischen Schriftzeichen. Schon das ärgert Pergamenter ganz gehörig, denn er muss nun jemand suchen, der ihm den Brief vorlesen kann.

Da er nun mit seiner Frau vor der Tür des Häuschens steht, geht der Bass-Sänger der Gemeinde vorüber. Pergamenter ruft ihn an, fragt, ob jener deutsch lesen könne, und gibt ihm, als dies bejaht wird, den Brief. Der Sänger liest nun mit seiner tiefen, dröhnenden Stimme vor:

»Lieber Vater! Schick mir doch fünf Gulden, denn meine Hosen sind zerrissen und ich muss mir neue kaufen …«

Da fährt Pergamenter zornig auf:

»So grob schreibt er … So grob schreibt er? Oo-ßer (Ausgeschlossen!) werd ich dem Jungen Geld schicken, wenn er so grob geworden ist bei die Deitschen …«

»Gott«, sagt seine Frau, »was war er immer für ein feines, freundliches Kind … Aber weißt du, vielleicht

232

hat uns der Bass gefoppt ... Er ist doch so ein Stück Schalksnarr ...«

Das leuchtet Naftali ein, und sie warten wieder auf einen Vorübergehenden, der ihnen den Brief vorlesen könnte. Da kommt der Tenorsänger der Gemeinde vorüber. Auch er wird herbeigerufen, und er liest mit seiner weichen, einschmeichelnden Stimme:

»Lieber Vater ... Schick mir doch fünf Gulden ... denn meine Hosen sind zerrissen ... und ich muss mir neue kaufen ...«

»Gott«, ruft Pergamenter gerührt, »wenn er so schön schreibt, werd ich ihm gleich schicken ...«

Doktor Kameelhaar, Advokat in Lemberg, hat am Montag früh einen wichtigen Gerichtstermin in Tarnow wahrzunehmen. Als er am Sonntagabend den Zug besteigen will, sieht er Schamschel Buttermilch, den Tempeldiener, und fragt ihn, wohin die Reise gehe. Buttermilch soll nach Krakau fahren.

»Schön«, meint der Advokat. »Das trifft sich gut, und wenn Ihr mir wollt einen Gefallen tun, könnt Ihr euch einen Gulden verdienen unterwegs.«

Das mag Schamschel sehr gern und Kameelhaar gibt ihm auch sofort das Geld.

»Also Buttermilch, hört zu. Wenn ich im Coupé sitze, fang ich auch schon an zu schlafen. Und ich schlaf' und schlaf' ... Mein Schlaf ist aber so fest, dass ich fürchte, ich werd' die Station Tarnow verschlafen ... Versteht Ihr? ... Ich muss aber unter allen Umständen in Tarnow raus aus dem Zug, denn wenn ich weiter fahr', versäum' ich den Termin und verlier' den Prozess … In Tarnow ist genug Aufenthalt, da sollt Ihr – es wird um sechs Uhr früh sein – da sollt Ihr in das Coupé zu mir kommen und mich aufwecken … Versteht Ihr? … Ich will euch gleich sagen, ich bin schwer zu wecken; und wenn man mich geweckt hat, schimpfe ich ganz schrecklich … Ich werde also sehr schimpfen, dass Ihr mich geweckt habt … So bin ich nun einmal … Aber Ihr müsst dann kurzen Prozess machen, Buttermilch … Ihr nehmt mich und schmeißt mich aus dem Coupé und kümmert Euch gar nicht um mein Geschrei … Habt Ihr verstanden?«

Schamschel Buttermilch hat verstanden, und er verspricht, sich seinen Gulden ehrlich zu verdienen.

Als der Zug am Montagvormittag um zehn Uhr in den Bahnhof von Krakau einfährt, wacht Doktor Kameelhaar von selbst auf; er steigt aus und sieht zu seinem Schreck, wo er ist. Gleichzeitig aber bemerkt er auch Buttermilch, der gerade den Bahnhof verlassen will. Wütend stürzt er auf ihn zu und macht ihm in der heftigsten Weise Vorwürfe, dass er ihn Tarnow habe verschlafen lassen, dass er ihn auf das Schmählichste betrogen und schwer geschädigt habe …

Bald haben sich viele Leute um die beiden gesammelt, und da der Advokat nicht aufhört mit seinen wüsten Schimpfereien, ja sogar Miene macht, Buttermilch, der ganz geknickt dasteht, zu schlagen, mischen sie sich ein und rufen Schamschel zu, sich dies alles nicht gefallen zu lassen, sondern auch etwas zu sagen. Aber Schamschel, der noch wie betäubt ist, wehrt ab:

»Kinder, lasst'n doch ... lasst'n doch ... das ist noch gar nischt ... Da hättet Ihr sollen hören schimpfen den andern Herrn, was ich hab' rausgeschmissen heut früh um sechs aus dem Coupé in Tarnow ...«

Ein Frankfurter Bankier begegnet während der Geschäftszeit einem seiner Angestellten auf der Straße.

Er stellt ihn unverzüglich zur Rede.

»Was machen Sie um diese Zeit hier, Herr Trier? Sie sollen doch jetzt im Kontor sein!«

»Gott, Herr Oppenheimer«, erwidert Trier, »ich hab' mir nur lassen die Haare schneiden ...«

»Jetzt?«, fährt ihn der Chef an. »Jetzt lassen Sie sich schneiden die Haare? In der Geschäftszeit?«

»Nu«, meint Trier verwundert, »sie wachsen mir doch auch in der Geschäftszeit ...«

»Trier!«, ruft eines Vormittags der erste Buchhalter des Hauses Oppenheimer den jungen Mann an. »Was ist das wieder für eine neue Mode? Nu gähnen Sie und strecken Sie sich noch bei der Arbeit!«

Darauf Trier:

»Arbeit ich denn?«

Im Kampf um Sprache und Bildung

Ein aus Mitteldeutschland nach einem kleinen Städtchen in Posen berufener jüdischer Lehrer schildert die Sprechweise der Leute im Orte – der Erwachsenen wie der Kinder – in einem Briefe in die Heimat wie folgt:

Wenn sie hier sagen wollen »breit«, sagen sie dafür »braat«; wenn sie sagen wollen »Braten«, sagen sie »Broten«; wenn sie sagen wollen »Brot«, sagen sie »Braut«; und wenn sie wirklich einmal sagen müssten »Braut«, dann sagen sie: »Kalle«.

Sally Sommerstein und Lazar Goldfarb sind als arme Jungen gemeinsam aus Mietschisko in Posen fort und nach Berlin gezogen. Hier trennten sich ihre Lebenswege bald; Goldfarb blieb in den Niederungen des Daseins, denn er war ein Schlemiel und wusste sich in die Welt nicht zu schicken, während Sommerstein vorwärts kam, ein reicher Mann wurde und schließlich sogar zu jenen Höhen emporstieg, wo der handeltreibende Mensch die Sehnsucht in sich fühlt, Kommerzienrat zu werden.

Aber dieses Glückes Übermaß machte Sally Sommerstein keineswegs stolz und hochmütig, ganz besonders nicht seinem Jugendfreunde Goldfarb gegenüber, dem er wiederholt – wenn auch erfolglos – auf die Beine geholfen hatte, und der ihn auch jetzt noch öfter besucht. Steckt ihm doch Sommerstein jedes Mal ein paar Taler heimlich zu …

So kommt Goldfarb auch eines Sonntags wieder und wird in das Herrenzimmer geführt, wo Sommerstein ihm freundlich entgegentritt, angetan mit einem neuen, reich gestickten Schlafrock, dessen Saum ein wenig nachschleppt.

Goldfarb, von solcher Pracht geblendet, ruft bewundernd:

»Spaß, Sally, haste da einen feinen Schlafrock!«

Sommerstein lacht, greift in die Tasche und holt ein Zwanzigmarkstück heraus, das er Goldfarb in die Hand drückt.

»Weil ich mich freu' über dich, Lazar!«, sagt er gleichsam zur Begründung seiner reichen Spende.

»Was man sich schon freuen kann über mir!«, gibt Goldfarb mit einem wehmütigen Lächeln zurück.

»Gott«, meint Sommerstein, »Gott, Lazar, es freut mich eben, dass du wenigstens Fortschritte gemacht hast in der Bildung … Weißt du noch … wie wir sind nach Berlin gekommen, was für eine Sprache wir gesprochen haben? … Damals vor vierzig Jahren? … Damals hättste nicht gesagt: Schlafrock wie jetzt, damals hättste gesagt, wie man in Mietschisko sagt: Schlofrock …«

Goldfarb sieht ihn erstaunt an.

»Warum hätt' ich sollen sagen: Schlofrock, Sally? … Du schlofft (schläfst) doch nicht in dem Schlaafrock!«

»Und warum sagst du: Schlafrock?«, ruft Sommerstein.

»Nu, er schlaaft (schleift, schleppt) doch …«

Bei dem reichen Herrn Silberblatt in Berlin W. ist große Soiree. Unter den Gästen, die zumeist der Börse angehören, befindet sich auch ein Schriftsteller, für dessen Bücher Frau Silberblatt, eine Dame, die sich für Theater und Literatur interessiert, nicht wenig schwärmt.

Nach beendeter Mahlzeit tritt der Hausherr an den Literaten heran und fragt:

»Nu, Herr Doktor … was sagen Sie? Wie hat es Ihnen geschmeckt im Hause Silberblatt?«

»Ausgezeichnet!«, rühmt der Schriftsteller. »Wie ich schon der gnädigen Frau sagte … das ganze Menü ein Gedicht … jeder Gang eine Strophe …«

Verblüfft sieht Silberblatt ihn an.

»'ne Strof' (Strafe)«, brummt er endlich mit aufsteigendem Zorn, »jeder Gang 'ne Strof'! ...Und das hat sich meine Frau gefallen lassen?!«

⚜

Ein Wiener Bankier namens Pollack, der aus dem jüdischen Städtchen Szardahely bei Pressburg in Ungarn stammte, lag bis an sein Lebensende im Kampf mit der deutschen Sprache. Trotz seines Umgangs mit gebildeten Leuten und trotzdem seine Frau und seine Kinder moderne Menschen waren, wohlunterrichtet, in allen Wissenschaften zu Hause und voll Interesse für Kunst und Literatur, blieb er selbst – von seinen Geschäften natürlich abgesehen – ein Mann, der nichts »zulernte«. Mit Ausnahme vielleicht von ein paar Redensarten, die er auch nicht immer richtig anwandte.

Als sein Buchhalter ihm beim Antritt seines Urlaubs sagte, er werde die Ferien im Auslande verleben, meinte Herr Pollack kopfschüttelnd:

»Was wollense im Ausland? Könnense denn Ausländisch sprechen?«

━●━

Einmal gefragt, ob er Französisch sprechen könne, gab er zur Antwort:

»Französisch? Was tu ich damit? Das ist doch die Sprache mit die vielen Fremdwörter.«

—◆—

»Eine Wohnung hab' ich«, erzählte er einem Freunde an der Börse. »Eine Wohnung! Ich sag' Ihnen … Vierundzwanzig Fenster nach der Straße und 'n ganzen Tag Morgensonne …«

—◆—

Eines Tages besucht Pollack mit seiner Frau die Kunstausstellung.

Sie bleiben vor einem Bilde stehen, das eine Dame darstellt, die an einem noch nicht ganz abgeräumten Esstisch sitzt und sich, in wohligem Sinnen, behaglich zurückgelehnt hat.

»Schau doch nach im Katalog, was das vorstellt?«, wendet er sich an seine Gattin.

Frau Pollack blättert in dem Büchlein und sagt:

»Siesta …«

»Wie heißt: ›Sie esst da‹?«, fällt er ihr ins Wort. »Sie hat da gegessen …«

—◆—

Sie betrachten ein Gemälde, das eine Schüssel darstellt, auf dem rosige Scheiben Schinken* ausgebreitet liegen und allerlei Obst, Blumen und dergleichen. Das Bildchen ist in so feinen, zarten Farben
gemalt, dass Pollack ganz entzückt ist.

»Wie heißt so ein Bild?«, fragt er seine Frau.

»Solche Bilder heißen ›Stillleben‹«, erklärt sie ihm.

»Möcht ich wirklich kaufen«, meint Pollack, »so'n
Stillleben … Aber es müsst sein ein koscheres Stillleben …«

———

»Wo werden Sie sich kurieren diesen Sommer?«,
fragt Pollack einen Geschäftsfreund an der Börse.

»Wir gehen diesmal nach Baden-Baden erhält er
zur Antwort. »Und Sie?«

»Puh …«, lacht Pollack, »gehn Sie nach Baden-
Baden geh' ich nach Vöslau-Vöslau** …«

———

* Der Genuss von Schweinefleisch ist den frommen Juden als
nicht »koscher« verboten.
** »Vöslau« ist ein Kurort in der Nähe Wiens, ebenso »Baden«. Baden-Baden kennt Herr Pollack nicht.

Herr Pollack erzählt seinem Prokuristen Glasgall von einem Festmahl, das er am Abend vorher mitgemacht hat.

»Sie können sich gar keine Vorstellung machen, Glasgall, was es da hat gegeben für ein Menou ...«

»... nü!«, verbessert Glasgall diskret.

»Also ... zuerst war da ... eine Supp' ... ich sag Ihnen ... eine Supp' ... von Schildkröten ... So ein Menou war das ...«

»... nü!«, verbessert Glasgall lächelnd.

»Nü?«, meint Pollack verständnislos. »Dann hat's gegeben Kaviar und Rindszungen und Indian und Spargeln und Hummern und Gefrorenes ... Ein ganz großartiges Menou ...«

»... nü!«, erlaubt sich Glasgall noch einmal.

»Wieso ... Nü?«, fährt Pollack auf. »Noch nicht genug?«

———

Der Prokurist kommt im Laufe des Tages noch einmal auf das Festmahl zurück, denn er möchte seinem Chef doch gern beibringen, dass er nicht »Menou« sagen darf, sondern »Menü« ...

»Was Sie mir heut früh erzählt haben, Herr Pollack«, meint er, »wirklich ein auserlesenes Menü ... ein herrliches Menü ...«

»Menou!«, verbessert Herr Pollack.

»Menü!«, sagt Glasgall.

Da lächelt Herr Pollack überlegen.

»Menü … Menü … Wenn Sie auch sind aus Galizien, Glasgall …aber das Jüdeln könnten Sie sich endlich abgewöhnen …«

—⁓—

Herrn Pollack wird ein Fremder vorgestellt: ein Herr Simon Platz aus Breslau.

»Platz … Platz …«, wiederholt Pollack sinnend den Namen … »Da hat mir doch meine Frau erzählt … Richtig … Entschuldigen Sie, Herr Platz, sind Sie verwandt mit dem Markus Platz in Fenedig?«

—⁓—

Der alte Amschel Fürst in Prag wird gefragt, wie es seinem Sohne in Berlin gehe.

»Wie soll's ihm gehen? Sehr gut geht's ihm in Berlin.«

»Und was ist er dort in Berlin?«

»Was soll er sein? A Gelehrter is er … a beriehmter Gelehrter … wie se dorten sagen: a Germanist …«

»Was ist das, ein Germanist? Was macht er, wenn er ist ein Germanist?«

»Was soll er schon machen? … Er verbessert die Deitschen ihnere Sprach'.«

Aus Ostgalizien kommen drei ehrwürdige Männer nach Wien, um in einer Angelegenheit, die ihre Gemeinde betrifft, eine Audienz beim Kaiser nachzusuchen. Sie wird ihnen bewilligt, und schon am nächsten Tage sollen sie in der kaiserlichen Burg erscheinen.

Der Führer der drei, Maier Taffet, weiß nun wohl, wie er dem hohen Herrn die Sache vortragen soll; was er aber nicht weiß, das sind die Formen und Formeln, die man im Gespräch mit dem Kaiser beachten muss. Er wendet sich deshalb an einen Studenten und Landsmann, der in dem Quartier wohnt, wo auch die Deputation abgestiegen ist, mit der Frage, wie er wohl seine Ansprache beginnen müsste.

»Nun«, belehrt ihn der Student, »zuerst müsst Ihr dem Kaiser versichern, dass Ihr loyal seid …«

»Loyal«, wiederholt der Alte. »Gut … schön … loyal … Was ist das aber loyal?«

»Loyal das ist … ›gut gesinnt‹ ist das! Versteht Ihr? … ›Gut gesinnt‹ …«

»Gott«, sagt Maier Taffet verlegen, »wie kann ich dem Herrn Kaiser sagen, dass ich bin güt gesünd, wenn ich hab’ die goldne Ader?«

Hillel Zwerdling aus Podhaice in Ostgalizien ist in Geschäften nach Wien gekommen. Da er ein großer Liebhaber der Musik, besonders der Gesangskunst ist, so rät ihm sein Geschäftsfreund, in die Oper zu gehen, und empfiehlt ihm, die an demselben Abend stattfindende Vorstellung der »Jüdin« zu besuchen. Das will Zwerdling auch tun.

Als der Freund abends am Opernhause vorübergeht, sieht er Hillel Zwerdling auf der Treppe stehen, trotzdem die Vorstellung schon längst begonnen haben muss.

»Zwerdling!«, ruft er ihn an. »Was machen Sie hier? Warum sind Sie nicht drin?«

»Was werd' ich!«, erwidert Zwerdling lächelnd. »Ich werd' mir doch nicht lassen foppen!«

»Wieso foppen?«, fragt der andere erstaunt.

»Nu ... heut spielense ›Die Jüdin‹ ... Schön ... Aber dort auf'm Zettel steht doch: *Morgen: ›Der Templer und die Jüdin‹* ... Werd' ich morgen gehn und seh gleich zwei Oppern für mein Geld ...«

—◦◦—

Zwerdling hat dann noch einige andere Opernvorstellungen besucht und bei dieser Gelegenheit auch ein Ballett gesehn, dessen Zauber ihn ganz und gar in Entzücken versetzte. Er erzählt darüber in seiner Heimat:

»Erst ist dort gewesen ein Mauer ... ein wirkliche Mauer ... dann ist gekommen auf der Bühne ein Wasser ... ein wirkliches Wasser ... und dann ... dann sind gekommen Fräulens ... Fräulens ... Fräulens ... Und sie sind gekommen heraus aus das Wasser ... ganz nass angezogen ... und haben getanzt und getanzt auf die Spitz-Finger (Zehen) ... bis sie haben sich ausgetrocknet ...«

Jonas Glitzenstein ist sechzehn Jahre alt, als er aus seinem weltverlorenen Heimatstädtchen in Galizien zum ersten Male nach Wien kommt. Seine Verwandten wollen ihm ein außerordentliches Vergnügen bieten und schicken ihn ins Theater, von dem sich der junge Mann keine rechte Vorstellung machen kann, da er dergleichen noch nie gesehen hat.

Die Aufführung beginnt um sieben Uhr, und schon drei Viertelstunden später kommt Jonas seelenvergnügt nach Hause und erzählt:

»'s war wirklich sehr schön, das Thiater ... ein großer Saal mit viel Menschen ... alle geputzt wie am Sabbat ... Und dann hat angefangen zu spielen die Musik ... und alle Menschen haben gesehn auf ein großes Bild, vor dem die Musikanten haben gesessen ... Ein schönes Bild mit nackte Leute drauf und mit Engel und mit ein Pferd, was hat groß-mächtige Flügel und fliegt in der Luft … Dann war die Musik still und das schöne Bild hat sich bewegt und ist raufgegangen … Und dann war da ein Zimmer mit Menschen … Die haben angefangen zu sprechen von ihre Familie … Da hab' ich mir gedacht: ›Was gehn mich fremde Familiensachen an?‹ … und bin weggegangen.«

Bei Timbergs in Posen ist der junge Rechtsanwalt Natansohn, der sich um die Tochter des Hauses bewirbt, zum ersten Male zu Besuch und wird mit Kaffee und Kuchen bewirtet.

Frau Timberg nötigt den Gast zum Zugreifen.

»Wirklich, Herr Doktor, so einen mürben Kuchen können Sie noch nehmen«, sagt sie und schiebt ihm den Teller hin.

»Es geht wirklich nicht mehr«, lehnt Dr. Natansohn ab. »Ich habe schon zwei gegessen …«

Und Frau Timberg mit freundlichem Lächeln.

»Sie haben zwar schon drei gegessen, aber deshalb können Sie sich doch noch bedienen …«

»Kennen Sie schon das ›Urteil des Paris‹?«, wird ein Bankier gefragt, als ein Gemälde dieses Namens Aufsehen erregt.

»Urteil des Paris?«, wiederholt er. »Spaß, ob ich's kenne … Zu wie viel ist er doch schnell verurteilt worden?«

Ein reicher Kaufmann in Berlin erhält den Besuch naher Angehöriger aus der Provinz Posen. Es sind gute aber einfache Leute, deren Art, sich zu geben, der Frau des Kaufmanns auf die Nerven fällt. Besonders ihre Gewohnheit, bei Tisch die Speisen mit dem Messer in den Mund zu befördern, geniert sie, und sie verabredet, um die Gäste über feinere Sitten zu belehren, mit ihrem Manne eine kleine Komödie. Während des Mittagessens soll er, genau wie seine Verwandten es tun, das Messer benutzen … Das will ihm die Hausfrau als ungehörig verweisen, damit die Fremden doch endlich merken, wie unangenehm es ihr sei, dergleichen zu sehen.

Es geschieht, wie verabredet, und die Dame ruft ihrem Gatten stirnrunzelnd zu:

»Aber, Max, du issest doch mit dem Messer! Das ist doch unerhört …«

»Lass'n doch«, unterbricht sie einer der Gäste gemütlich. »Lass'n doch, Selma, wir essen ja alle mit'm Messer …«

Bei einem Hochzeitsmahl in Brody wird Fisch gereicht.

Fräulein Rosalie Zwillinger lehnt ab.

»Sie essen nicht Lachs?«, fragt ihr Nachbar. »Warum essen Sie nicht Lachs?«

»Gott«, meint Fräulein Zwillinger verschämt, »ich bin eine Antisemitin von Fisch …«

»Die Juden in Deutschland«, bemerkt jemand dem alten Moritz Nachmann gegenüber, »haben wohl manches Tüchtige geleistet und auf allen möglichen Gebieten. Sie haben – von Handel und Industrie zu schweigen – bedeutende Gelehrte, Dichter, Musiker, Architekten hervorgebracht, aber nicht einen einzigen General, keinen genialen Strategen, keinen Feldherrn …«

»Nu«, meint Nachmann verwundert, »und der alte Dessauer?«

Zwei Kaufleute aus Kowno in Russisch-Polen sind in Geschäften in Berlin. Ein Großhändler, bei dem sie sich treffen, lädt sie zum Abendbrot ein und fügt hinzu:

»… aber da noch anderer Besuch da ist, möchte ich Sie bitten, die Wäsche zu wechseln, Herr Fensterglas und Herr Schapuh …«

Die Einladung wird angenommen und die beiden verlassen ihren Geschäftsfreund.

Auf der Treppe fragt Fensterglas:

»Was hat er gesagt, Schapuh … Was sollen wir wechseln?«

»Die Wäsch' sollen wir wechseln …«

»Meschugge!«, meint Fensterglas und schüttelt den Kopf. »Was hat er schon davon, wenn ich anzieh dein Hemd und du anziehst mein Hemd.«

Von klugen Schülern

Ein armer Talmudschüler erhält im Hause des Rabbi das Essen, wofür er sich in der Wirtschaft und sonst auch als Faktotum nützlich machen muss. Er wird nicht gerade gut behandelt und beköstigt, indes er harrt seine Lehrjahre getreulich aus.

Bevor er nun seinen Lehrer verlässt, um sich nach einer Stelle umzusehen, unterzieht ihn der Rabbi einer Prüfung. Um sich zu überzeugen, ob der Schüler die talmudischen Bestimmungen über die rituellen Speisegesetze beherrscht, lässt er den Schlächter mit einer Kuh kommen und stellt vor einer Korona von Schriftgelehrten allerlei schwierige Fragen an den Bocher.

»Und nu zeig' mir, wo hat die Kuh die Brust?«, sagt der Rabbi.

Der junge Mann bückt sich und tastet an den Beinen des Tieres herum. Endlich erfasst er ein Knie der Kuh und antwortet:

»Rabbi, das ist die Brust von der Kuh.«

Da fährt ihn der Lehrer an:

»Du Unnützer, biste geworden ohne Sinne? Das ist doch nicht die Brust, das sind die Flachsen von der Kuh ... Wie kommst du darauf?«

»Gott, Rabbi«, erwidert der Bocher, »das hab ich bei Euch doch immer zu essen gekriegt, wenn die Frau Rabbi hat gekocht Brust ...«

Es wird im Talmud der Abschnitt gelesen von der Pflicht, sich zu entschuldigen und Abbitte zu leisten, wenn man einem Nebenmenschen ein Unrecht oder gar ein Leid zugefügt hat. Daran knüpft sich eine Debatte zwischen dem Rabbi und den Schülern.

Deren einer, ein arger Schelm, meint im Gegensatz zu den Ausführungen des Lehrers, dass es doch Abbitten und Entschuldigungen gebe, die noch kränkender sein könnten als die Beleidigung selbst. Für diese Meinung, die im Talmud nicht zum Ausdruck kommt, muss er sich einen Tadel und manchen Spott gefallen lassen.

Eine Stunde später betritt derselbe Schüler das Zimmer des Rabbi, der sich eben zum Fenster hinausgelehnt hat, um mit einem Vorübergehenden zu sprechen. Der junge Mensch empfindet beim Anblick des derben Körperrunds, das ihm zugewandt ist, die Lust, seine flache Hand darauf zu schlagen und sich so für den erlittenen Spott zu rächen. Leise nähert er sich dem Rabbi, der sich jetzt noch mehr hinausneigt, holt weit aus, und im nächsten Augenblick fällt seine Rechte klatschend auf jenes Leibesrund herab.

Der Getroffene fährt mit einem Schrei in die Höhe und herrscht zornfunkelnden Auges den Schüler an:

»Unverschämter Bursche, wessen hast du dich unterfangen? Das tust du? Deinem Rabbi?«

»Entschuldigt tausendmal«, meint der Bocher zerknirscht, »hab ich doch geglaubt, es ist die Frau Rabbi …«

Ein Lehrer sucht seinen kleinen Schülern einen Begriff von den Insekten beizubringen, und er stellt allerlei Fragen an die Knaben, damit sie von selbst so ungefähr das Richtige treffen.

»Also Kinder«, sagt er, als er seinem Ziele nahe zu sein glaubt, »denkt mal jetzt nach. Wer kann mir ein Tier nennen, das Eier legt und doch kein Vogel und kein Fisch ist, das keine Knochen im Leibe hat, sodass man es zerdrücken kann?«

Tiefe Stille in der Klasse. Endlich meldet sich ein Junge.

»Na, Mechelsohn, nenne mir so ein Tier!«

»Ein Wurm«, gibt Mechelsohn zur Antwort.

»Gut, mein Sohn!«, lobt ihn der Lehrer. »Ein Wurm … Also jetzt denkt noch einmal nach. Wer kann mir noch so ein Tier nennen?«

Wiederum tiefe Stille. Wiederum meldet sich der kleine Mechelsohn.

»Also?«

»Noch ein Wurm!«

⁂

Folgende Fragen wurden in Wiener Volksschulen von jüdischen Rindern in drolliger Weise beantwortet:

Auf die Frage, ob eines der Kleinen wüßte, was »ein Dom« sei, streckte ein Junge seine Hand empor und sagte, auf seinen Daumen zeigend: »Das ist ein Doom!«

Die Frage, was ein »Tümpel« sei, wurde beantwortet: »Ein Tümpel ist, wo wir Israeliten beten tun ...«

Die Frage, was ein »Schwan« sei, fand die folgende Antwort: »Ein Schwan ist ein Tier, was die Juden nicht essen dürfen ...«

⁂

Ein sechsjähriges Berliner Mädchen war mit ihrer Mama in der Synagoge gewesen und wird beim Mittagessen von ihrem Papa gefragt, ob sie auch während der Predigt des Rabbiners aufgepasst habe.

»Gewiss doch«, meint die Kleine, »und es war sehr interessant, denn er hat die ganze Zeit von Gerson gesprochen ...«

Mama ist über diese Antwort entrüstet, weil sie den Tatsachen nicht entspricht, und Alicechen wird, weil sie gelogen, vom Tische und ins Nebenzimmer verbannt.

Nach einem Weilchen öffnet sich von dorther die Tür, und die Kleine steckt den Kopf herein:

»Ach Mama«, ruft sie, »ich habe mich geirrt ... Er hat ja nicht von Gerson, er hat immerzu und immerzu nur von Israel gesprochen.«[*]

⚜

Der Lehrer will sich überzeugen, ob seine Jungen schon zweistellige Zahlen richtig aufschreiben können. Er ruft sie einzeln an die Tafel und lässt sie eine solche Zahl nennen.

Meier antwortet: »Dreiundvierzig.«

Der Lehrer schreibt an die Tafel: 34.

»Ist das recht so?«

»Ja«, sagt Meier, wird indes eines Besseren belehrt.

Der Nächste nennt die Zahl: »Fünfundsiebzig.«

[*] Gerson und Israel sind sehr bekannte Berliner Kaufhäuser.

Der Lehrer schreibt: 57. Wiederum, diesmal schon unter der Heiterkeit der Klasse, dieselbe Belehrung.

Jetzt kommt der kleine Fritz Mendelsohn an die Reihe.

»Nenne mir eine zweistellige Zahl.«

»Siebenundsiebzig«, gibt Fritz Mendelsohn zur Antwort, und da der Lehrer die Kreide von der Tafel absetzt, weil das Beispiel für seine Methode ungeeignet ist, fährt Fritz fort:

»77 … Mit mir können Sie doch solche Sachen nicht machen, Herr Lehrer.«

Das Söhnchen eines Handelsmannes, der kleine Moritz Bandmann, hat auf die Frage des Lehrers: »Wie viel ist zweimal zwei?« zur Antwort gegeben: »Fünf.« Zur Strafe wird er aus der Klasse gewiesen und soll eine Zeit lang vor der Tür im Korridor stehen, um sich die Sache zu überlegen.

Da kommt ein junger Hilfslehrer an ihm vorüber und erkundigt sich, was Moritz denn angestellt habe. Als er hört, worum es sich handelt, meint er freundlich: »Na, mein Junge, geh nur wieder rein und sage deinem Lehrer, dass zweimal zwei vier ist.«

Darauf Moritz:

»Gott bewahre … Er hat mir doch rausgeschmissen, wie ich ihm schon hab geboten fünf …«

In der Religionsstunde wird derselbe Junge gefragt:

»Warum war Erzvater Jakob so betrübt, als er hörte, dass Josef von seinen Brüdern verkauft worden war?«

Moritz: »Weil sie ihn haben zu billig verkauft.«

—⚬—

Ein andermal wird Moritz in der Religionsstunde gefragt, ob er eine gute Handlung nennen könnte.

»Warum nicht?«, gibt er zurück, »Zum Beispiel … N. Israel in der Spandauerstraße.«

—⚬—

Frau Dr. Kohn findet ihr neunjähriges Söhnchen damit beschäftigt, in einem Buche »Die Erziehung der Kinder« zu lesen, das sie von ihrem Gatten zum Geschenk erhalten hat.

Der Junge ist so sehr dabei, dass er förmlich aufgerüttelt werden muss.

»Ja, Fritzchen, was hast du denn in diesem Buche zu lesen?«

»Ach, Mama«, sagt er eifrig, »ich seh nur nach, ob Ihr mich richtig erzieht …«

Ein kleiner Straßenjunge im jüdischen Viertel von Krakau wird von einem Kutscher angesprochen und gebeten, ihm aus der Garküche, vor der er mit seinem Wägelchen hält, ein Paar Würstchen für fünf Kreuzer zu holen. Als Belohnung schenkt er dem Knaben denselben Betrag, damit er sich auch ein paar Würstchen kaufe.

Seelenvergnügt verschwindet der Junge. Nach einer Weile kommt er zurück und gibt dem Mann fünf Kreuzer zurück.

»Und wo sind die Würstel?«, fragt der.

»Nu«, antwortet der Knabe treuherzig, »es war nur noch ein Paar da, und die hab ich gleich drin gegessen ...«

In einer deutsch-jüdischen Volksschule in Galizien erklärt der Lehrer nach der bekannten Fragemethode ein Stück aus dem Lesebuch. Er kommt dabei an das Wort »Hohngelächter« und fragt:

»Wer kann mir sagen, was ›Hohngelächter‹ bedeutet?«

Der kleine Mechel Schöngut meldet sich.

»Ein ›Hohngelächter‹«, sagt er, »ein ›Hohngelächter‹ ist ... Kikeriki!«

»Wie kommst du darauf?«, fragt der Lehrer erstaunt. »Wieso Kikeriki?«

»Ich mein«, erwidert Mechel, »so lacht doch ein Hohn (Hahn).«

***

Beim Kommerzienrat Simonsohn wird Weihnachten gefeiert. Es ist alles aufs Festlichste hergerichtet, der elektrische Lichterbaum strahlt in bunten Farben und im Schmuck seiner Kostbarkeiten, und Adolf, das siebenjährige, einzige Söhnchen, freut sich der überreichen Geschenke, die ihm das Christkind gebracht.

Als er zufällig ans Fenster tritt, sieht der Junge, dass in der Wohnung des Generals v. Werdenberg, die gerade gegenüberliegt, ebenfalls ein Lichterbaum entzündet wird.

Darauf ruft er ganz erstaunt:

»Papa ... Papa ... Feiern denn die Christen auch Weihnachten?«

***

Ein Junge, der zweifellos ein angehender »Schlemiel« gewesen sein muss oder vielleicht eine Art Eulenspiegel, sitzt mit seinem Vater beim Konzert. Als ein hübscher Walzer gespielt wird, meint der Papa:

»Du, Arnold, die Melodie musst du dir merken.«

Nach einem Weilchen fällt ihm auf, dass Arnold sein Taschentuch hervorgezogen hat und daran dreht.

»Was treibst du denn da?«, fährt er ihn an.

»Einen Knoten muss ich mir doch machen«, erwidert Arnold.

»Wozu willst du dir denn einen Knoten machen, Junge?«

»Damit ich soll nicht vergessen die Melodie …«

In der Turnstunde wird die Frage gestellt, was die vier in Kreuzform gestellten Buchstaben »F«[*] auf den Turnergürteln bedeuten mögen.

Isidor Spiegel meldet sich.

»Na, mein Junge?«

»Frisch … frei … fromm … vergnügt!«

In der ersten Religionsstunde, die der sechsjährige Oskar Meiersohn mitmacht, hält der Lehrer eine kleine Ansprache an seine Schüler.

[*] Frisch, frei, fromm, froh!

»Was Ihr hier hört, die Lehren die Gott am Sinai den Israeliten gegeben, das müsst Ihr Euch in Euer Herz schreiben …«

In diesem Augenblick hebt Oskar seine Hand hoch.

»Was willst du denn sagen?«, fragt der Lehrer freundlich.

Und Oskarchen eifrig:

»Ja, wir können doch noch gar nicht schreiben …«

***

»Zu welcher Tierklasse gehört das Schwein?«, fragt der Lehrer in der Naturgeschichtsstunde den zehnjährigen Sally Wronker in Krotoschin.

»In welche Klasse soll es gehören?«, antwortet der Junge. »In die treifene* Tierklasse.«

***

In einem rheinischen Städtchen wohnen zwei jüdische Familien Kohn und Levy. Beide erfreuen sich der Achtung ihrer Mitbürger und ihre Kinder der Zuneigung der christlichen Spielgenossen.

---

* »Treife« = Gegensatz zu koscher; »unrein«, für den Juden nicht erlaubt.

Eines Tages wird dies aber anders. Die christlichen Kinder wollen mit den Kohns nicht spielen, und als diese, sehr gekränkt, fragen, was man eigentlich gegen sie habe, wird ihnen erklärt:

»Ach, Ihr Juden habt doch unseren Heiland umgebracht!«

Darauf der jüdische Junge unter Tränen.

»Wahrhaft'gen Gott ... wir waren es nicht ... das können nur Levys gewesen sein ...«

<hr>

Ein armer »Belfer« (Behelfer, Hilfslehrer) in einem ostgalizischen Städtchen übersetzt mit seinen siebenjährigen Schülern aus der Bibel. Das geschieht in der Weise, dass er – unter eifrigem Hin- und Zurückwerfen des Oberkörpers – erst den hebräischen Vers vorsagt und darauf die sogenannte deutsche Übertragung. Schreiend wiederholt die Schar der Kleinen zwei-, dreimal die Worte und mit solchem Ernst und Eifer, dass sie nichts anderes sieht als das aufgeschlagene Buch vor sich und nichts hört als die scharfe, eindringliche Stimme des Lehrers.

Sie lesen gerade das 34. Kapitel im ersten Buche Mosis und der Belfer sagt vor:

»Kazti b'chaji lipneh b'nois Chejs ...«[*]

[*] Wörtlich: Ich habe einen Ekel am Leben wegen der Töchter Chejs.

263

Während die Klasse den Text mit dem üblichen Lärm wiederholt, öffnet sich die Tür der Stube, und der Schammes (Tempelwärter) der Gemeinde, steckt den Kopf herein.

»Reb Awrom«, ruft er, »ich soll dich wieder fragen, wann du wirst die Mazzos (Osterbrote) bezahlen vom letzten Passah?«

Der Belfer gibt wütend zurück:

»Der Schlag soll dich treffen auf der Stell, du Frecher!«

Da die Knaben gerade mit der Wiederholung des hebräischen Textes fertig sind, halten sie die zornigen Worte ihres Lehrers für die Übersetzung und brüllen:

»Kazti b'chaji lipneh b'nois Chejs ... Der Schlag soll dich treffen auf der Stell, du Frecher.«

Einmal ... zweimal ... dreimal ...

Am nächsten Sabbat – wie allsabbatlich nach dem Morgengottesdienst – werden vor und von den Angesehenen und Schriftgelehrten der Gemeinde die Kinder auf ihre Fortschritte in der Kenntnis des heiligen Buches geprüft. Als nun der beste Schüler der Klasse an jenen Satz kommt, trägt er vor:

»Kazti b'chaji lipneh b'nois Chejs ... Der Schlag soll dich treffen auf der Stell, du Frecher.«

Erst ist es ganz still in der Stube, dann brechen die Schriftgelehrten in lautes Lachen aus, und der Vorsteher der Gemeinde fragt:

»Sag noch einmal, Jossele ... sag noch einmal, wie haste das verteuscht?«

Jossele aber, dem der Belfer heimlich einen Rip-
penstoß versetzt hat, meint nicht anders, als habe er
sich im Respekt gegen den Fragenden vergangen,
und wiederholt schnell:

»Kazti b'chaji lipneh b'nois Chejs ... Der Schlag
soll Euch treffen auf der Stell, Ihr Frecher ...«

Darauf wiederum ein schallendes Gelächter der
Anwesenden und neuerliche Rippenstöße ... Da erhebt Jossele, der den Grund der Heiterkeit nicht zu
fassen vermag, seine helle Stimme noch einmal:

»Kazti b'chaji lipneh b'nois Chejs ... Der Schlag
soll Euch alle, was Ihr da seid, treffen auf der Stell',
Ihr Frechen ...«

Ein junger Talmudschüler sieht, wie die Frau seines
Rabbi ein Fünfquartmaß Kirschen kauft und in eine
große Schüssel schüttet. Die frischen roten Früchte
lachen ihn appetitlich an und wecken seine Gelüste.
Er wendet sich deshalb an die Frau und bittet sie be-
scheidentlich, ihm doch zu erlauben, aus der Fülle
die kleinsten Kirschen heraussuchen und verzehren
zu dürfen.

Die Frau des Rabbi ist gutmütig genug, ihm zu
willfahren; da sie aber für einige Stunden das Haus
verlassen muss, lässt sie sich von dem Fünfzehnjährigen schwören, dass er – wahr und wahrhaftig –

nur die kleinsten Kirschen aussuchen und essen werde.

Als sie wiederkommt, ist die Schüssel völlig leer. Nicht eine einzige Kirsche ist übrig geblieben.

Auf die Vorwürfe der Rabbifrau antwortet der Talmudschüler:

»Was wollt Ihr? Gott soll mich strafen, wenn ich nicht hab Wort gehalten! Ich hab doch wirklich nur die kleinsten Kirschen gegessen!«

»Und wo sind die andern?«

»Wo sollen sie sein? ... Wie ich hab gegessen gehabt die Kleinsten, und seh in die Schüssel ... Nu, was meint Ihr? Hab ich gesehen zu meinem Staunen, dass da wieder sind gewesen ein paar kleinste ... und dann waren da wieder ein paar kleinste ... und dann wieder ein paar ... Rabbifrau, ich weiß selbst nicht, wie das zugeht ... Gottes Wunder! Immer waren da ein paar kleinste ... Und um meinen Schwur zu halten, hab ich sie immer rausgesucht und aufgegessen ... Und zuletzt war die Schüssel leer.«

»Du Unnützer, du Fresser!«, schilt die Frau des Rabbi, »noch einmal sollste mich nicht foppen.«

An einem der nächsten Tage kauft sie wieder ein Fünfquartmaß Kirschen, und wieder ist der Talmudschüler hinterher und stellt in aller Demut seine Bitte.

»Nein«, sagt die Frau, »ich weiß schon, du Schalk, du willst wieder nur die kleinsten Kirschen …«

»Gott soll mich hüten«, beteuert der Bocher, »aber seht einmal, die Kirschen sind alle klein … so klein. Wenn Ihr mir erlaubt, die größten Kirschen rauszusuchen, so möchtet Ihr doch gewiss nicht zu Schaden kommen … Und ich ess' Kirschen zu gern …«

Die Rabbifrau lässt sich erweichen. Das Ergebnis ist, dass nach einer halben Stunde die Schüssel wieder leer dasteht.

»Kann ich dafür«, meint der Schüler, »wenn sich die Sach' gedreht hat? … Diesmal waren wahrhaftig immer wieder ein paar größte Kirschen da … bis zuletzt …«

***

Ein armer Talmudschüler, der bei den Angehörigen der Gemeinde Freitische hatte, bekam bei Elkan Pasternak, wo er jeden Mittwoch seine Mahlzeit erhielt, stets saure Linsen vorgesetzt. Das war nun gerade nicht seine Leibspeise, aber er zwang sie dank einem immer regen Hunger doch herunter.

Ehe er den Löffel zum Munde führte, sprach er, wie es den Frommen geboten ist, den vorgeschriebenen Segensspruch. Eines Mittwochs fiel es der am Tische sitzenden Familie Pasternak auf, dass der Brocher ohne den Segensspruch zu essen begann.

»Berisch«, sagt der Hausherr erstaunt, »warum sagste nischt?«

»Was soll ich schon sagen?«

»Die Broche (Segensspruch) haste nich gesagt! Ist das eine Art für ein Bocher zu vergessen die Broche?«, entrüstet sich Pasternak.

Darauf der Talmudschüler:

»Hausherr, verzeiht … Es gibt einen Segensspruch für ein Frucht, was wachst auf ein Baum … Und es gibt einen Segensspruch für ein Frucht, was wachst auf der Erd … Aber für sauren Lins' weiß ich keinen Segensspruch mehr …«

»Du Gassenjung!«, unterbricht ihn Pasternak, »weißte nich mehr, wo der Lins' wachst?«

»Ja, Hausherr, ja, ja, deshalb … er wachst mir doch zum Hals heraus …«

Von Käuzen
und Fantasten

Von dem alten Heimann Lazarus ist schon im ersten Buche einiges erzählt worden; diesmal seien ein paar Aussprüche von ihm wiedergegeben, die mir von angeblichen Bekannten des wackeren Mannes mitgeteilt werden:

An dem Tage, da Heimann Lazarus die sichere Überzeugung gewann, dass die Braut seines Sohnes, des Rechtsanwalts Sally Lazarus, tatsächlich keine Spur einer Mitgift mit in die Ehe bringen werde, begab er sich schweren Herzens zu Sally, um ihm deshalb Vorhaltungen zu machen.

»Hör mal an, mein Kind«, sagte er. »Aus Liebe heiraten ist gewiss schön … sehr schön … Und meinetwegen braucht sie auch kein Geld zu haben … verstehste … kein Geld … Aber gar kein Geld – – –!«

❧

Sein anderer Sohn, der Bankbeamte Adolf Lazarus, war damals das ist schon lange her – ein etwas verzärtelter junger Mann. So verlangte er, als der Winter besonders kalte Tage brachte, dass man ihm jeden Abend eine Wärmflasche ins Bett lege, damit er, in später Nacht heimkehrend, ein behagliches Lager vorfinde.

Das gefiel dem alten Heimann nicht, und er stellte den Jungen zur Rede.

»Adolf, wozu braucht ein so junger Mensch eine Wärmflasch'?«

»Ich habe gern ein warmes Bett, Vater.«

»Nu schön! Und wann willste immer haben das Bett warm?«

»Um zwölf Uhr nachts, Vater.«

»Werd' ich dir was sagen, Adolf, leg dir um halb zwölf ins Bett, wirste es haben um zwölf warm ohne Wärmflasch' …«

Heimann Lazarus sitzt eines Tages mit einem christlichen Freunde beim Glase Bier. Sie unterhalten sich über religiöse Dinge, und der Christ sagt:

»Was nützt Ihnen nun Ihre ganze Rechtschaffenheit, Lazarus? Als Jude können Sie ja doch nicht in den Himmel kommen.«

»Warum nicht? Warum soll ich nicht in den Himmel kommen?«, fragt Lazarus lächelnd.

»Weil Petrus Sie nicht reinlässt«, neckt der andere.

»Nu … er wird mich schon reinlassen«, meint Heimann Lazarus. »Ich geb Ihnen mein Wort, ich werd' ja reinkommen in'n Himmel.«

»Da bin ich aber neugierig! Wie wollen Sie das anstellen, Lazarus?«

»Einfach so ... Ich komm' an die Himmeltür und werd' aufmachen die Tür ... verstehnse? ... Werd' aufmachen die Tür ... Und dann werd' ich sie wieder zumachen ... ganz kräftig zumachen ... Nu, und dann werd' ich wieder aufmachen die Tür ... und wieder zuschlagen ... und nochmal ... und nochmal ... Nu, und da wird Petrus schreien: ›Was ist dort los, bei die Tür? ... Zum Donnerwetter ... rein oder raus‹ ... Nu ... und da werd' ich reingehn ...«

⚜

»Herr Kommerzienrat«, wird eines Januartages ein bekannter Berliner Millionär an der Börse gefragt, »Sie noch in Berlin und nicht an der Riviera?«

»Jetzt?«, erwidert der Kommerzienrat erstaunt, »jetzt soll ich weg von Berlin? ... Jetzt ... in der Grieben-Saison?«

⚜

Zu seinem reichen Landsmann Löwenstein in Berlin kommt ein verarmter Kaufmann aus Krotoschin und bittet um eine Unterstützung.

Löwenstein, der nicht zu den Freigebigen gehört, macht Ausflüchte.

»Ja, mein Lieber«, sagt er dem Bittsteller, »ich möcht' Ihnen gern helfen, aber sehn Sie ... ich hab' selbst arme Verwandte zu unterstützen ... Da habense gleich meinen Bruder in Krotoschin ... Was glauben Sie, was der mich kostet? Ich kann wirklich nicht ...«

»Aber eben dieser Ihr Bruder hat mir doch selbst gesagt, dass Sie ihm nichts geben, Herr Löwenstein – –«, wendet der Kaufmann schüchtern ein.

»Nun«, unterbricht ihn der reiche Mann schroff, »wenn ich schon meinem Bruder nichts gebe, werd' ich Ihnen geben ...«

———

Zu dem Gutsherrn von Sadagora kommt Fischl Platzregen schreckensbleich hereingestürzt.

»Herr von Baroin ... Herr von Baroin«, stöhnt er, nach Atem ringend. »Helfense, helfense! Die Bauern haben zwei Juden totgeschlagen ...«

»Um Gottes willen!«, ruft der Baron. »Welche zwei ... Wie heißen sie?«

Da sagt Fischl Platzregen:

»Der eine bin ich, und der andere steht vor der Tür ...«

Ein bedeutender Wiener Dichter, der vor einigen Jahren in der Vollkraft seiner Jahre aus dem Leben schied, hatte in seinen Anfängen mit Not und Ungemach aller Art zu kämpfen. Seine Familie mochte nicht so recht an sein Talent glauben und war wohl auch – bis auf einen Oheim – nicht in der Lage, den jungen Poeten zu unterstützen. Diesen Oheim aber ging er desto öfter um ein paar Gulden an, indem er auf seine verheißungsvolle Zukunft hinwies, die ihm nicht nur Ruhm, sondern auch Geld in Fülle bringen werde.

Da aber Ruhm und Geld etwas lange auf sich warten ließen, sagte der Oheim eines Tages zu dem ein neues Darlehn heischenden Dichter:

»Weißt du, Jakob, es mag ja sein, dass du ein Genie bist; es ist nur schade, dass niemand was davon weiß ...«

»Wieso ... niemand?«, meinte der Poet verwundert. »Ich erzähle es doch jedermann ...«

Moses Schönkind in Krakau erzählt, von einer Reise aus Russisch-Polen heimgekehrt, von seinen Abenteuern.

»… und wie der Wagen ist gefahren durch den verschneeten Wald … Was soll ich sagen? … Waren plötzlich da dreiundvierzig Wölfe …«

»Nu«, unterbricht ihn Jossel Chajes, der Spötter, »es werden sein gewesen einundvierzig … Du wirst dir haben verzählt in der Angst …«

»Schön … keine dreiundvierzig«, meint Schönkind. »Sollen es gewesen sein meinetwegen siebzehn …«

»Vielleicht nur elf«, spottet Chajes.

»Meinetwegen sibben!«, schreit Moses. »Auch genug!«

»Sagen wir einer!«, ruft Chajes. »Ein Wolf ist schon genug gefährlich.«

»Gut!«, knirscht Schönkind. »Sagen wir also ein Wolf …«

»Und wenn es schon gewesen ist überhaupt was«, fällt ihm Chajes ins Wort, »ist es vielleicht gar nicht gewesen ein Wolf …«

»Was denn soll es sein gewesen«, erwidert Schönkind beleidigt, »wenn es hat gehabt vier Füß' und hat gewackelt mit sein Schwanz?«

❧❀❦

In einem mährischen Städtchen hat die Gemeinde einen Armen zu verpflegen, der einst bessere, ja gute Tage gesehen hat und recht anspruchsvoll ist. Jeden

274

Augenblick kommt er zum Gemeindevorsteher und verlangt etwas oder beschwert sich über dies und das … über das harte Bett, über schlechtes Essen, über mangelhafte Wäsche usw.

Eines Wintertages kommt er und verlangt Brennholz zur Beheizung seines Stübchens. Das Gewünschte wird ihm zugewiesen, befriedigt ihn aber nicht: Es ist ihm zu wenig.

Da es ihm jedoch nicht gelingt, mehr herauszuschlagen, entfernt er sich mit der Drohung:

»Das sag' ich Ihnen aber, Herr Vorsteher … Wenn ich erfrier' … mich gehts nischt an …«

In Posen stehen zwei Kaufleute vor den Türen ihrer Läden, als ein Mann vorübergeht, der ihnen auffällt. Er hält seinen Regenschirm mit beiden Händen auf dem Rücken, den er etwas gebeugt trägt, und geht breitspurig, gleichsam von einem Bein auf das andere fallend, wobei der Oberkörper hin- und herschwingt.

Wie sie ihm so nachsehn, sagt der eine lächelnd:

»Ich möcht' wetten, der Mann ist aus Kempen …«

»Warum glauben Sie?«

»Er geht wie die Leute in Kempen gehn.«

»Und ich möcht' wetten, dass der Mann ist aus Meseritsch …«

»Warum?«

»Weil er tragt den Schirm so, wie die Leute in Meseritsch tragen den Schirm.«

Die Wette wird abgeschlossen, und einer der Kaufleute schickt seinen Jungen dem Fremden nach, der herbeigebeten wird.

Als er erscheint, wird er nach Nam', Art und Herkunft gefragt.

»Geboren«, sagt er, »bin ich in Kempen ... aufgewachsen bin ich in Meseritsch ...«

***

Scholem »Komödiant« – dies ist der Spitzname des Spaßvogels in dem galizischen Städtchen, besucht Apte Kastanienbaum, einen eingebildeten Kranken, der ihm seine Leiden vorjammert:

»Und wenn man dich fragt, Scholem, wie es mir geht, dann sagste ... ich hab Schmerzen in der Brust und hab Schmerzen im Rücken ... und die Füße wollen mich nich tragen ... und das Fieber schüttelt mir ... und die Hitze brennt mir ... Ich bin krank auf die Augen und krank auf'm Magen ... und ich kann mir nicht rühren in mein Bett ... Das sollste sagen, wenn dir einer fragt ...«

»Gott«, erwidert Scholem Komödiant, »was soll ich so viel reden? Ich werd' sagen, Apte Kastanienbaum ist tot ...«

In einer böhmischen Stadt lebt ein sehr tüchtiger jüdischer Privatlehrer, der nur den Fehler hat, ein Trinker zu sein. Diese seine Leidenschaft wird mit den Jahren immer stärker, und da er zuweilen zu den Unterrichtsstunden nicht erscheint, verliert er manchen Schüler und manche Einnahme.

Eines Tages trifft ihn der Gemeindevorsteher im Wirtshause und gerät mit ihm ins Gespräch, in dem der Lehrer seine Klugheit und seinen Geist leuchten lässt, denn er ist ein wohlunterrichteter, gebildeter Mann.

»Wenn ich so bedenk'«, meint der Vorsteher, »was Sie haben könnten für Stunden, Herr Tänzeries … bei Ihrem Wissen … Was Sie geben könnten für Stunden, wenn Sie nicht trinken möchten …«

»Gott«, erwidert der Lehrer, »ich geb' Stunden, dass ich trinken kann … Soll ich nicht trinken, um Stunden zu haben?!«

Mendel Katz gehört zu den unentschlossenen Leuten, denen man unermüdlich zureden muss, ehe sie etwas unternehmen: denn mit dem Abwägen der

Vor- und Nachteile jedes Geschäfts versäumt er sonst die rechte Zeit.

Als ihm wieder einmal eifrig zugesprochen wird, ruft er zornig:

»Ich will nicht, was ich will … soll ich wollen, was Ihr wollt!«

***

Der Börsenbesucher Sally Kohn, ein Stotterer, geht Unter den Linden spazieren, als ein Mann hastig auf ihn zukommt und die Frage stellt:

»Können Sie mir sagen, wie ich nach dem Görlitzer Bahnhof komme?«

Sally Kohn sucht nach einem leicht aussprechlichen Wort, bekommt darüber einen roten Kopf und sagt endlich wehmütig:

»Ausge-ge-gerechnet … unter z… zwei M… Millionen M… Menschen müssen Sie g… gerade m… mich fragen!«

»Entschuldigen Sie!«, stammelt der andere.

»J… ja«, sagt Sally Kohn, »hätten S… Sie einen anderen g… gefragt, w… wären Sie b… beinah schon d… dort …«

Sally Kohn wirft beim Skat seinem Partner, der nicht die richtige Farbe bringt, ein: »S... Sie K... K... K... Kamel!« an den Kopf.

Der Beleidigte springt auf und schreit:

»Herr Kohn, das werden Sie sofort zurücknehmen!«

»Ooßer (ausgeschlossen)!«, sagt Sally freundlich. »Ich b... bin froh, dass ich's hab' r... rausgebracht!«

Berisch Tannenbaum erzählt sein Abenteuer:

»Nu ... hab' ich wollen reingehen in dem Haus ... Wie ich hab' wollen reingehen, wer liegt vor dem Haus? ... Liegt da ausgestreckt ein großmächtiger Hund ... Ein Hund ... Ihr wisst doch, der Hund von unser Pooretz (Gutsherr) ... Hab' ich reingehn können in dem Haus? ... Sag' ich zu dem Hund: ›Gehnse weg‹, sag' ich ..., ich hab' mir gedacht, einen so großen Hund kann man doch nicht sagen per du ... Was tut der Hund? ... Nischt tut er ... Seht mir nur so an ... Sag ich noch einmal: ›Gehnse weg!‹, und will rein ... Macht er den Maul auf, dass ich kann zählen die Zähn' ...«

»Und was haste gemacht, Berisch?«, fragt ihn der Gutsfaktor Tassel Kronenbäum lachend.

»Was soll ich haben gemacht? ... Bin ich nur gegangen nach Haus ... Werd' ich mir denn lassen kujonieren von ein Hund?!«

279

Zwei mährische Hausierer wandern zusammen auf der Landstraße, und da sie nichts Besseres zu tun haben, führen sie tiefsinnige Gespräche.

Eine Weile lang sehen sie einem Fassbinder zu, der sein Handwerk vor seinem Häuschen betreibt, dann gehen sie schweigend weiter.

Plötzlich sagt der eine Hausierer:

»Ja ... ja ... wenn man sich's so überlegt ... Der Mensch ist wie ein Fassbinder ...«

»Wieso ... wie ein Fassbinder?«, fragt der andere.

»Nu ... heut' lebt er ... morgen sterbt er ...«

Mechel Glaubwürdig, ein alter, in der ganzen Gegend als Geizhals verrufener Mann in Rzeszow in Galizien, will sich selber zureden, eine verdorbene Speise zu essen, die er sich zubereitet hat.

Er holt zu diesem Zwecke eine Flasche Schnaps aus ihrem Versteck hervor, gießt ein Gläschen davon ein und stellt es vor sich hin.

»Mechele«, sagt er zärtlich zu sich. »Mechele, wenn du esst ... wenn du esst das Essen da, wo das schlechte Ei ist reingekommen ... wenn du das aufesst, Mechele ... sollste kriegen ... nu, sollste kriegen ... sollste kriegen ein Schluck von dem schönen, teuren, alten Schnaps ... sollste kriegen, Mechele ...«

Darauf würgt er das Essen hinunter. Kaum ist er fertig, als er den Schnaps in die Flasche zurückgießt und lachend sagt:

»Etsch ... etsch ... Mechele ... Nischt kriegste ... Die Kränk' kriegste ... Lass' dir nischt foppen ...«

Kurz vor Abgang des Zuges in Krakau läuft ein aufgeregt scheinender Mann die Wagen entlang und schreit: »Goldglanz ... Goldglanz!«

Jehiel Parnaß aus Krakau steckt neugierig den Kopf zum Coupéfenster hinaus und fragt:

»Nuu ... was ist ...«

In demselben Augenblick erhält er eine so fürchterliche Ohrfeige, dass er fast in den Wagen zurückfällt.

Sich die geschlagene Backe reibend, beginnt er laut zu lachen. Darüber wundern sich die andern Reisenden, und fragen ihn, wie er noch vergnügt sein könne nach dieser Misshandlung.

Und lachend erwidert er:

»Spaß! Bin ich denn Goldglanz?«

In Sadagora, dem Städtchen in der Bukowina, wo der große Wunderrabbi wohnt, wird ein jüdischer Kutscher dabei angetroffen, wie er das armselige Pferdchen vor seinem Lastwagen prügelt.

Ein angesehener Mann der Gemeinde stellt ihn zur Rede.

»Eisick«, sagt er zu ihm, »biste ganz verlassen von Gott? Weißte nicht, dass in jedes Tier drin ist die Seele von einem Menschen, was ist gestorben? Weißte nicht, wenn ein Frommer stirbt, dass er wünschen kann, mit seiner Seele zu gehn in das Tier oder jenes Tier zur Buße für seine Sünden? Vielleicht war es sogar der gottselige große Rabbi selbst, was hat sich vorgenommen zu werden das Pferd, was du so geschlagen hast – – –«

»Nun«, meint Eisick kaltblütig, »wenn er sich hat vorgenommen zu sein ein Pferd, soll er ziehn …«

***

David Löb Magdeburger ist ein armer Narr, der in dem kleinen, ungarischen Städtchen, in dem er rechtschaffen als Käsemacher lebt, von allen gehänselt wird, am meisten von den jungen Gerichtsbeamten.

Einmal ist er als Zeuge vorgeladen, kommt aber vor der angeraumten Stunde und die Herren, die gerade nichts zu tun haben, machen sich einen Spaß mit ihm.

»Magdeburger«, ruft ihm einer zu, »auf die Knie …«

David Löb kniet nieder.

»Auf den Bauch!«, kommandiert ein anderer und Magdeburger legt sich, wie ihm befohlen ist.

»Schwimmen!«, befiehlt der Dritte.

David Löb Magdeburger macht die Schwimmbewegungen, bis man ihm wieder aufzustehen erlaubt.

Dann geht er auf den obersten Beamten zu und bedankt sich:

»Hát«, meint der lachend, »wofür bedankst du dich?«

»Dass Sie nicht haben befohlen, ich soll untertauchen …«

Wolf Elischer soll an einem Winterabend mit seinem Sohne in die nächste Stadt fahren, wo am nächsten Tage Markt ist. Die Kisten mit dem Warenkram sind auf dem Wägelchen verstaut, das Pferd ist vorgespannt.

Trotz der strengen Kälte schneit es ununterbrochen und Elischer sagt zu seinem Sohne:

»Moritz, wer weiß, ob wir in der Nacht hinkommen. Vielleicht bleiben wir stecken im Schnee. Nimm dir also mit dein Bettzeug, damit du nicht frierst …«

Aber Moritz will nicht. Da er kutschiert, wird der Wagen nicht stecken bleiben, und er wird auch nicht frieren.

Nach zweistündiger Fahrt geht es nicht weiter, und Wolf, der sich für diesen Fall gerüstet hatte, packt sich in seine Betten ein. Nach einer Weile hört er, wie Moritz mit den Zähnen klappert und sagt mitleidig:

»Moritz … nimm dir mein Deckbett und wickel dir ein …«

»Und was wirst du machen, Vater?«, fragt der Sohn.

»Was ich werd' machen?«, fährt er auf. »Was ich werd' machen? Die Knochen im Leib' werd' ich dir zerbrechen!«

***

Ein galizischer Rekrut wird vom Leutnant wegen der ungeputzten Waffenrockknöpfe zur Rede gestellt.

»Kerl, warum hast du sie nicht geputzt?«, fährt ihn der Offizier an.

»Gott«, antwortet der junge Soldat, »ich bin doch nicht eitel …«

Er muss auf drei Tage in Arrest. Als er wieder herauskommt, begegnet er dem Leutnant. Er wendet, sobald er ihn sieht, den Kopf nach der andern Seite und geht, ohne zu salutieren, an ihm vorüber.

Natürlich wird er gestellt.

»Kerl, warum grüßest du nicht?«

»Nu, Herr Leutnant«, meint der Rekrut, »ich hab' geglaubt, Sie sind noch bös' mit mir wegen die Knöpp' ...«

Der Färbermeister Jakob Wolf Bombach in Drillichau war ein frommer und gottesfürchtiger Mann. Er hatte nicht viel gelernt, aber die Bibel kannte er ganz genau; jedes Wort des alten Testaments war ihm heilig und nichts konnte seinen Glauben daran erschüttern. Nicht einmal die Studenten, die in den Ferien aus Wien nach Hause kamen und in dem kleinen Kaffeehause am Ringplatz ihre modischen Weisheiten vorzutragen liebten. Nein, auch sie nicht, trotzdem er gern unter ihnen saß nach Feierabend und, behaglich aus der türkischen Meerschaumpfeife schmauchend, ihren Gesprächen, Debatten und Diskursen zuhörte. Denn er war kein Eiferer und war fest überzeugt, dass der liebe Gott sich selbst helfen könne, dass er über diese Kindsköpfe herzlich und grünlich lache, wie er – Jakob Wolf Bombach – über sie lachte. Denn er fühlte sich, wie er zu sagen pflegte, keineswegs als »Gottes Polizeimann«, der gleich dreinschlagen müsste, wenn man den Schöpfer mit Worten kränkte.

So saß er denn oft »im Rate der Toren«, hörte zu, und spottete der Spötter.

Da schwätzten sie davon, dass die Erde eine groß-mächtige Kugel sei, die frei im Weltenraum schwebe und sich beständig um sich selbst drehe.

Als Bombach diese Behauptung zum ersten Male vernahm, ging ihm darüber die Pfeife aus, und er wurde sehr schweigsam und nachdenklich.

»Und was geschieht mit uns, derweil diese ... diese Kugel sich dreht?«, fragte er endlich.

»Wir drehen uns eben mit!«

»So–o–o? ... Und wenn wir uns so lange gedreht haben, bis wir auf der andern Seit' sind? He?«

»Auf welcher anderen Seite?«, forschte man erstaunt.

»Nu ... unten ... auf der andern Seit' ... unten ... da sollten wir doch runterfallen in die Luft runter ... Ich werd' euch was sagen, Kinder ... Ich hab' da seit zwanzig ... dreißig Jahr' ein Fass im Keller ... Das ist ein Krautfass ... und es ist Sauerkraut drin ... Aber ich hab' noch nie gesehen, dass es sich hätt von allein ausgeschütt' ... Und Ihr und ganz Drillichau müsst stehn auf'n Kopf oder wohin fallen ...«

Noch in der Nacht weckte er seine Frau und fragte sie ängstlich:

»Schöndelchen, sag' ... lieg' ich im Bett oder lieg' ich auf der Zimmerdeck'?«

Einmal sprachen die Studenten von »unseren Antipoden«. Da Bombach dieses Wort noch nie gehört
hatte, erkundigte er sich nach seiner Bedeutung. Einer der jungen Leute erklärte:

»Antipoden ... das sind unsere Gegenfüßler ...
die Menschen, die auf der anderen Seite der Erdku-
gel wohnen ... Wenn man nämlich«, fuhr er fort,
»ein Loch in die Erde gräbt, 1719 Meilen lang ...«

»Warum gerade 1719?«, fragte Bombach, der mit
der »anderen Seite« schon Bescheid wusste.

»Weil der Durchmesser der Erde 1719 Meilen
lang ist, Herr Bombach ...«

»Gut, was werdense mir tun, Herr Student, wenn
ich sag', er ist nur 1718 Meilen lang?«

Und Wolf Bombach lachte.

»1719 Meilen lang«, nahm der Student seine Erklärung unbeirrt wieder auf, »so kommt man
schließlich wieder zur Erdoberfläche zurück ...«

»Ha!«, rief der Färbermeister, »wem wird es einfal-
len, so ein Loch zu machen?«

»Aber lieber Herr Bombach, das ist doch nur ein
Beispiel ... es wird natürlich keinem Menschen ein-
fallen, so ein Loch zu graben ...«

»Also wie kann man wieder wissen, wohin man
kommt, wenn man das Loch nicht macht?«

»Wenn man also«, erklärte der Student weiter, »aus
dem Loche herauskommt, so befindet man sich wie-

derum auf der Erde … auf ihrer anderen Seite, die wie die unsere von Menschen bewohnt ist … Und diese Menschen, Herr Bombach, sind unsere Antipoden … unsere Gegenfüßler …«

Jakob Wolf Bombach dachte nach. Nach einer Weile fragte er:

»Nu, und können diese Menschen rumgehn dort unten?«

»Freilich können sie gehn, Herr Bombach!«

»Hm«, meinte der Färber ernsthaft, »hm … wenn das wirklich so ist, dann beneide ich diese Antipoden um etwas …«

»Um was denn, Herr Bombach, um was beneiden Sie die Antipoden?«

»Nu, dass sie nicht brauchen zu tragen … Hosenträger …«

Und er lachte los und war bis an sein Lebensende der Meinung, dass er den Studenten gründlich widerlegt habe. Denn wer mochte fortan an solche Antipoden glauben, die, wenn sie existierten, unbedingt – auf dem Kopfe gehen müssten?

＊＊

Dass die Steine »wachsen«, wurde einmal auseinandergesetzt.

»Schön«, sagte Bombach, »wenn die Steine aber wachsen … wo kommen die kleinen Steine her?«

Ein Rabbi in Posen, der nicht nur als weiser und witziger Mann, sondern auch als Feinschmecker bekannt war, wurde von einem Eiferer zur Rede gestellt.

»Rabbi«, sagte der, »das versteh' ich nicht ... Ihr seid doch so ein großer Gelehrter, so ein tiefer Denker, so ein kluger Kopf ... Wie könnt Ihr da so viel Wert legen auf solche Nichtigkeit wie gutes Essen?«

Der Rabbi antwortete:

»Ist denn das gute Essen nur für die Dummköpfe da?«

Von allerlei Heiratssachen

Leib Sieglack aus Krakau lernt während der Leipziger Messe Jossel Eichelgrün aus Tarnopol kennen. Die beiden ansehnlichen Männer, Pelzhändler ihres Zeichens, finden Gefallen aneinander, und als sie während eines Spazierganges von ihren Familien sprechen, fragt Sieglack plötzlich:

»Jossel Eichelgrün, habt Ihr ein Kind?«

»Ob ich hab!«, erwidert Eichelgrün stolz. »Und Ihr, Leib Sieglack?«

»Ich hab' auch ein Kind!«

Nach einer Weile des Schweigens, währenddes die beiden ihren Gedanken nachhängen, fragt Sieglack:

»Wie alt ist Euer Kind, Eichelgrün?«

»Neunzehn … und wie alt ist Euer Kind, Sieglack?«

»Siebzehn Jahr ist es alt …«

Wiederum eine längere Pause. Endlich beginnt der Krakauer:

»Ich hab' mir überlegt … alles passt … Wir haben dasselbe Geschäft … Wir sind beide bekowete (ehrbare) Leut' … Können wir nicht verheiraten Euer Kind mit mein Kind?«

»Warum sollen wir nicht können?«, gibt Eichelgrün erfreut zurück. »Ich hab schon selbst daran gedacht …«

»Schön … schön … Was gebt Ihr mit Eurem
Kind, Eichelgrün?«

»Was soll ich mitgeben? Ich werd' geben meinem
Kind das Detailgeschäft … Es ist ein gutes Geschäft,
was eine Familie nährt … Ich werd' machen nur
noch Engros … Und was gebt Ihr Eurem Kind?«

»Werd' ich geben … werd' ich geben fünftausend
Gulden …« »Sagen wir siebentausend, Sieglack …«

»Gut, also sechstausend … für den Anfang …«

Eichelgrün ist einverstanden und die Sache wird
abgemacht. Da die Kinder aber noch zu jung sind
zum Heiraten, soll die Verlobung erst im nächsten
Jahre stattfinden. Zu diesem Zweck sollen die beiden Kaufleute ihre Kinder zur nächsten Messe
nach Leipzig mitbringen, damit sie sich kennenlernen.

So geschieht es.

Eichelgrün sitzt mit seinem Sohne im Hotelzim-
mer und erwartet Sieglack mit seinem Kinde. Endlich öffnet sich die Tür und der Krakauer tritt ein.
Ihm auf dem Fuße folgt ein junger Mann, der sich
verlegen umsieht.

»Nu?«, fragt Eichelgrün. »Und wo ist das
Mädel?«

»Wie soll ich wissen, wo Euer Mädel ist?«, gibt
Sieglack verwundert zurück.

»Mein Mädel?«, schreit der Tarnopoler. »Wieso mein Mädel ... Mein Kind ist doch 'n Sohn ... Hier steht er ... Ihr habt doch das Mädel!«

»Wieso ich?«, erregt sich der Krakauer. »Mein Kind ist auch 'n Sohn ...«

Die vier Männer sehen sich an und beginnen zu lachen.

»Gott soll hüten!«, ruft endlich Eichelgrün. »Heißt ein Schidduch (Heirat)! Was machen wir?«

»Nuu«, meint Sieglack, »machen wir kein Schidduch, so können wir doch machen für unsere Kinder ein Kompagnie ... Ihr gebt das Geschäft, ich geb' sechstausend Gulden ...Wird heißen die Firma Eichelgrün & Sieglack ...«

Der alte Elias Beuthner in Posen gibt seinem Sohne, der sich auf die Brautschau begeben will, folgenden Rat mit auf den Weg:

»Sally, merk dir, zwei Eigenschaften muss haben das Mädel, das du machst zu deiner Frau. Erstens: Sie muss sein so schön, dass du Lust hast, sie zu nehmen auch ohne Geld ... und zweitens: Sie muss haben so viel Geld, dass du Lust hast, sie zu nehmen, auch wenn sie wär' hässlich ...«

Ein reicher Berliner Bankier hat eine seiner Töchter mit einem namhaften Maler verheiratet, dessen Werke die Wände seiner Wohnung schmücken.

Als er gefragt wird, ob er sein jüngeres Töchterchen nicht auch einem Maler vermälen würde, meint er wehmütig:

»Für zwei Maler reichen meine Wände nicht …«

Ein Schadchen (Heiratsvermittler) besucht einen jungen Bankbeamten, um ihm eine Partie anzutragen.

»Herr Rosenfeld«, redet er ihm zu, »ich weiß für Sie eine Frau, die hat 50 000 Mark Mitgift … dann eine mit 75 000 …«

»Geben Sie sich doch keine Mühe«, unterbricht ihn Rosenfeld. »Ich habe Ihnen doch schon gesagt, ich heirate nur aus Liebe …«

»… und dann«, fährt der Schadchen unbeirrt fort, »dann habe ich eine, die kriegt 100 000 Mark Mitgift …«

Rosenfeld schweigt.

»Nu«, ruft der Schadchen, »lieben Sie sie noch nicht …«

Der junge Rafael Zitron ist zwar ein armer Teufel gewesen, aber ein anstelliger Kopf, und wie er durch seine Klugheit sein Glück gemacht hat, das wird heute noch in der ganzen Gegend von Danzig erzählt.

Also Rafael Zitron hat sein Auge geworfen auf Sarah Pulvermacher, die Tochter des reichen Daniel Pulvermacher, der das größte Getreidegeschäft der Stadt besitzt. Sarah Pulvermacher ist ein schönes Mädchen und Rafael Zitron verliebt sich, je öfter er sie sieht, immer mehr in sie, der er auch nicht unlieb ist. Aber wie sollte er sie zur Frau bekommen – er, ein Kommis, der nichts hat als nur einen offenen Kopf.

Aber eines Tages fasst er sich ein Herz, zieht sich fein an, geht zu Daniel Pulvermacher ins Kontor und fragt ohne Umschweife, ob er darauf rechnen könne, dass seine Werbung um Sarah freundlich aufgenommen würde.

Der alte Herr Pulvermacher ist einfach entsetzt über die Frechheit des Kommis, den er kaum kennt, und sagt weiter nichts als: »Raus!«

Aber Rafael Zitron geht nicht raus; er geht nur bis zur Tür, bleibt dort stehn und wendet sich zurück.

»Möchten Sie auch ›raus!‹ sagen, wenn es möcht kommen der Kompagnon von Meier Hirsch Seligsohn?«, fragt er ruhig.

»Nein«, lacht Pulvermacher, »ooßer möcht' ich sagen ›raus‹! Aber sind Sie denn der Kompagnon von Seligsohn?«

»Herr Pulvermacher ... lassen Sie mir Zeit acht Tag ... In acht Tag werd' ich sein der Kompagnon von Meier Hirsch Seligsohn ...«

Damit ist der Getreidehändler einverstanden. Die Sache hat keine Gefahr, denn wie in aller Welt wollte der kleine Kommis das anstellen?

Anderen Tages zieht sich Rafael Zitron wieder fein an und geht in das Kontor zu Seligsohn, der ersten Firma in Spiritus, und fragt höflich an, ob er als Kompagnon in das Geschäft eintreten könnte.

Der alte Seligsohn ist starr über die Unverschämtheit des ihm flüchtig bekannten jungen Mannes und schreit: »Raus!«

Wieder geht Zitron bis zur Tür, um sich dann umzuwenden und ganz bescheiden zu fragen:

»Möchten sie auch ›raus!‹ sagen, Herr Seligsohn, wenn mit derselben Sache möcht kommen zu Ihnen der Schwiegersohn von Daniel Pulvermacher?«

»Ooßer möcht ich!«, ruft Seligsohn amüsiert. »Wenn der Schwiegersohn von Pulvermacher kommt, kann er werden mein Kompagnon ...«

»Ihr Wort, Herr Seligsohn?«

»Mein Wort, Sie närrischer Mensch!«, sagt der alte Seligsohn und lacht.

Was tut Rafael Zitron? Er geht zu Pulvermacher und trägt ihm die Sache von Neuem vor. Und Herr Daniel Pulvermacher sagt diesmal nicht: »Raus!«, sondern: »Nehmen Sie Platz!« und hört aufmerksam zu. Und dann gehn sie beide zu Meier Hirsch

Seligsohn, der diesmal auch nicht: »Raus!« sagt, sondern behauptet, so einen klugen Kompagnon hätte er sogar genommen, auch, wenn er nicht der Schwiegersohn wäre von Daniel Pulvermacher. Rafael Zitron aber ist richtig beides geworden, und es hat sich keiner über ihn zu beklagen gehabt, am wenigsten seine Frau Sarah, geborene Pulvermacher ...

Ein Kaufmann wendet sich an einen Schadchen. Der soll ihm eine reiche Braut verschaffen.

»Kann ich machen«, sagt der Vermittler. »Ich weiß eine, die ist schön, reich und hat ein Gemüt wie Gold ... Und so eine finden Sie nicht, wenn Sie zehn Jahre lang suchen ...«

»Nu ... und was für Fehler hat sie?«, fragt der Freier vorsichtig.

»Fehler? Sie hat kein Fehler ... auch die ganze Familie ist prima ... Nur, sehnse, der Vater von der jungen Dame ...«

»Was ist mit dem Vater?«

»Er hat gemacht so 'ne Geschichte, wissen Se ... Nu, er ist angeklagt wegen Wucher ...«

»Ich verzichte!«, sagt der Kaufmann wütend. »Wenn Sie nichts anderes haben?!«

Zwei Monate später kommt der Schadchen zu dem Kaufmann.

»Herr Kirschbraun«, sagt er, »ich hab' was anderes ... auch schön ... auch reich ... Familie auch prima ...«

»Und der Vater?«, fragt der Freier.

»Der Vater ist nicht am Leben!«, erwidert der Schadchen.

Der Kaufmann zieht Erkundigungen ein und erfährt, dass der Vater der ihm angetragenen Dame im Zuchthaus sitzt. Er begibt sich sofort zum Vermittler und macht ihm heftige Vorwürfe:

»Mir sagen Sie, er ist nicht am Leben und dabei sitzt er in Rawitsch!«, schreit er ihn an.

»Nu«, antwortet der Schadchen verlegen, »nu, ist das ein Leben?«

———

Der Vater eines heiratsfähigen Mädchens in Prag fragt einen Schadchen, ob er für seine Tochter keine passende Partie wüsste. Eine Mitgift könne er zwar nicht geben, aber der junge Mann, der ein tüchtiger Kaufmann sein müsse, würde in sein gut gehendes Geschäft einheiraten ...

»Und was für ein Geschäft ist das?«, fragt der Vermittler.

»Leder und Lederwaren!«

»Schade ... schade«, meint der Schadchen. »Ich hab' einen tüchtigen jungen Menschen ... aber der will nur einheiraten in Gänseschmalz und Lebern ...«

Cheskel Feuerstein in Stanislau kommt zu seinem Geschäftsfreunde Abram Blaugrau und bittet ihn, ihm 1500 Gulden zu borgen. Dieser Betrag fehle ihm noch zur Mitgift seiner Tochter, die am nächsten Tag heiraten soll.

»Wie groß ist die ganze Mitgift?«, fragt Blaugrau.

»Dreitausend Gulden hab' ich ihm versprochen«, erwidert Feuerstein.

»Cheskel«, schreit Blaugrau, »was ist mit dir? Weißte nich, dass man gibt immer nur die Hälft' von dem, was man hat versprochen?

»Gott«, sagt Feuerstein, »die Hälft' sollst du mir doch borgen!«

Amschel Violett wird auf Reisen geschickt. Er soll sich in den Städten der Provinz nach einer Braut umsehn, und sein Vater gibt ihm folgenden Rat:

»Eh du machst einen Besuch, Amschel, erkundig' dich, was für einen Ruf die Familie hat … Ist es eine bekowete (ehrbare) Familie, musste sein bescheiden mit der Mitgift … Mehr wie 5000 Mark kannste dann nicht verlangen … Hat der Vater von das Mädchen gemacht Pleite, nu, dann darfste ruhig verlan-

gen 10000 Mark ... Hat er gesessen in Untersu-
chung ... nu, unter 20000 Mark brauchste sie nicht
nehmen ... War er verurteilt, so ... nu, für jedes Jahr
darfste verlangen 10000 Mark mehr ...«

Amschel Violett macht sich auf die Reise. Nach
einer Woche erhält der alte Violett folgendes Tele-
gramm:

»Vater gehängt ... Wie viel soll ich verlangen?«

Von Schluckern
und Schelmen

Meier Schmelkes ist mit Schaije Gehles in Streit geraten.

»Was!«, schreit er hitzig, »du willst mir Vorwürfe machen? Du, Schaije Gehles? ... So eine Chuzpe (Frechheit)! Ich bin vielleicht schon öfter freigesprochen worden als du!«

Natan Auernheim und David Huldschiner sind zusammen zur Messe nach Leipzig gefahren und bewohnen dort ein Zimmer. David ist ein leichtsinniger Mensch und hat sein Geld bald ausgegeben. Infolgedessen lassen ihn die Sorgen nicht schlafen, und eines Nachts entschließt er sich, seinen Freund Natan mit einer Bitte anzugehen.

»Auernheim«, ruft er, nachdem jener das Licht gelöscht hat, »schlafste schon?«

»Nein«, sagt Auernheim, »ich schlaf nicht.«

»Möchste mir nicht borgen zwanzig Gulden?«, fragt Huldschiner.

Und Natan Auernheim:

»Pst ... ich schlaf schon ...«

Zu seinem reichen Vetter Ignaz Wolkenberg in Krakau kommt Juda Harband.

»Ignaz«, sagt er zu ihm, »wenn du möchst so gut sein und mir vorstrecken zehn Gulden …«

»Was willste mit zehn Gulden, Juda?«

»Ich kann machen mit die zehn Gulden ein gut Geschäft …«

»Nu, wie viel kannste schon verdienen mit das Geld?«

»Ich kann verdienen … fünf Gulden kann ich damit verdienen bis morgen … Dann kriegste auch die zehn Gulden wieder zurück …«

Ignaz Wolkenberg greift in seine Tasche.

»Weißte was, Juda«, meint er, »werd' ich dir schenken fünf Gulden … hast du verdient fünf Gulden und ich hab' verdient fünf Gulden …«

»Ist es wahr«, fragt Efraim Bleifluß seinen Geschäftsfreund Aron Glaubwürdig, als er ihm in der Grodker Gasse in Krakau begegnet, »ist es wahr, dass du wirst kriegen von der Versicherung 1000 Gulden?«

»Warum soll ich kriegen?«, fragt Glaubwürdig.

»Nu, ich hab' doch gehört, dass dein Gewölb' (Warenladen) ist ganz ausgebrannt am letzten Mittwoch …«

»Pst …!«, macht Aron Glaubwürdig, indem er sich vorsichtig umsieht. »Pst …! Nächsten Mittwoch …«

»Was ist Neues passiert zu Haus?«, fragt Falk Sauerteig seinen Landsmann Ignaz Fenchel, dem er in Wien begegnet.

»Was soll sein Neues? Nischt ist Neues!«, erwidert Ignaz. Nach einer Weile fügt er hinzu: »Gott ja … einmal hat der Hund von dein Onkel Jonas Perlmutter so schrecklich geheult …«

»Warum hat er so geheult?«

»Warum? Weil sie ihm haben bei dem Gedräng auf den Schwanz getreten …«

»Bei was für ein Gedräng?«

»Nu … wie sie haben deine Tante begraben …«

»Was? Meine Tante ist gestorben? Wann ist sie denn gestorben?«, fragt Sauerteig.

»Damals, wie man hat deinen Onkel eingesperrt!«, antwortet Fenchel.

»Eingesperrt? Warum hat man ihn eingesperrt?«

»Warum? … Er hat doch falsche Wechselchen gemacht!«

»Der Schurke!«, fährt Sauerteig auf. »Das hat er schon früher auch gemacht …«

»Nu«, meint Fenchel, »ich hab' dir doch gleich gesagt, es ist nischt Neues …«

Ruben Goldenring fährt mit seinem Wägelchen von Drillichau zu Markt nach dem sechs Meilen entfernten Städtchen Jordanow. Die Nacht ist still und das Pferdchen geht seinen ruhigen, langsamen Trott. Da entgleiten Goldenring die Zügel und er schläft ein.

Hinter ihm her kommt in schnellerer Fahrt sein Konkurrent Isaaksohn. Als dieser bemerkt, dass Goldenring schläft, springt er von seinem Wagen, fasst den Gaul Rubens und führt ihn mitsamt dem Wägelchen so, dass er nun – ebenso gemächlich wie bisher – den Weg zurücktrabt.

Als Goldenring in der Morgendämmerung erwacht, schaut er verwundert um sich, schüttelt den Kopf und sagt endlich:

»Wenn ich nicht möcht' ganz genau wissen, dass ich fahr nach Jordanow, möcht' ich schwören, ich fahr nach Haus …«

Jakob Lemberger ist seit Jahren Buchhalter in einem Berliner Geschäftshause. Er ist ein schüchterner, stiller Mensch, mit dem sein Chef rau und rücksichtslos umspringt, ohne dass Lemberger sich dagegen wehrt. Einmal ist es ihm doch zu arg geworden und er erzählt seinem Freunde:

»Aber diesmal, sag' ich dir, hab' ich mir das nicht gefallen lassen.«

»Was haste denn getan, Jakob?«

»Was ich getan hab'? … Einen Brief hab' ich geschrieben an meinen Chef … Einen Brief … Und ich hab' ihm einmal gründlich meine Meinung gesagt …«

»Was haste ihm denn geschrieben?«

»Dass er ein schlechter Mensch ist«, ruft Lemberger, »dass er ein gemeiner Ausbeuter ist … dass er ein Menschenschinder ist … dass ich ihn verachte und hasse in der ganzen Tiefe meines Herzens … Ich kann dir gar nicht sagen, wie es mir wohltut, dass ich ihm endlich, endlich geschrieben hab', was in mir seit Jahren kocht …«

»Gott!«, sagt der Freund erschreckt. »Er wird dich doch jetzt rausschmeißen …«

»Wieso … rausschmeißen … warum?«

»Wenn du geschrieben hast so einen Brief!«

»Geschrieben wie geschrieben …«, meint Lemberger lächelnd, »aber hab' ich ihn denn weggeschickt?«

Zwei jüdische Handwerksburschen wandern zusammen durch das gesegnete Mährerland und fech-
ten sich rechtschaffen durch. Eines Abends wird ihnen in einem Hause, wo gerade Hochzeit gefeiert
wird, die Hälfte einer gebratenen Gans geschenkt,
und seelenvergnügt, für den nächsten Tag mit so
köstlicher Speise versehen zu sein, ziehen sie weiter,
bis sie eine Herberge finden.

Ehe sie aber ins Stroh kriechen, vereinbaren sie,
dass Elkan Weißkopf, als der Ehrlichere, den Braten
verwahren solle, damit sein Genosse Elje Pasternak,
der schon wiederholt an dem Paketchen gerochen
hat und nach seinem eigenen Geständnis »ein Na-
scher auf gute Sachen« ist, während der Nacht über
die halbe Gans nicht herfallen könne.

So geschieht es auch, und die beiden schlafen ein.

Um Mitternacht erwacht Pasternak, und eine un-
bezwingliche Lust ergreift ihn, sich an dem herrlichen Braten, dessen Duft er zu spüren vermeint, zu
delektieren. Leise erhebt er sich und schleicht zum
Lager Weißkopfs, der fest schläft. Vorsichtig tastet er
an den Rocktaschen des Schlummernden herum,
aber wie er auch suchen mag, das Paketchen findet
er nicht. Es ist fort, und mit knurrendem Magen
und heißen Rachegedanken legt sich Pasternak wieder ins Stroh zurück. »Wart' nur!«, knirscht er.

»Wart' nur ... morgen früh, da werden wir abrechnen, du Fresser!«

Kaum ist die Sonne aufgegangen, weckt er Weißkopf und schreit ihn an:

»Wo ist die Gans, du Schuft? Hast du sie richtig allein aufgefressen, wie ich hab' geschlafen?«

Weißkopf sieht ihn an und lacht:

»Wo soll sie sein?« Damit greift er in Pasternaks große Rocktasche. »Da ist sie, in deiner Tasch' ... da hab' ich sie doch reingesteckt ...«

»In meine ... in meine Tasch'?«, stammelt Pasternak. »Warum nicht in deine Tasch'?«

Darauf Weißkopf:

»Ich kenn' dich doch, du Gannef (Spitzbube) ...«

Der frühere Direktor des Berliner Wintergartens, Herr Baron, wurde von einem Agenten, namens Ehrlich, der sich über ihn lustig machen wollte, gefragt:

»Sagen Sie, Herr Baron, sind Sie Baron oder heißen Sie nur Baron?«

Darauf der witzige Direktor zu Herrn Ehrlich:

»Ich bin so Baron, wie Sie sind – ehrlich ...«

Chaim Menasche wird von einem Gendarmen ins Gerichtsgefängnis geführt. Ein Bekannter begegnet ihm.

»Um Gottes willen, Chaim«, ruft er ihm zu. »Was haste denn getan?«

»Was soll ich haben getan? Ich hab' gefunden auf'm Markt einen Strick ...«

»Was? Wegen ein Strick wirste eingesperrt?«

»Nu«, sagt Chaim, »'s hat sich nachgeschleppt ein Pferd ...«

⁂

»Wie sieht aus dein Rock, Moritz«, sagt Jonas Pulvermacher vorwurfsvoll zu seinem sechzehnjährigen Sohn. »Was biste für ein nachlässiger Mensch! Wenn ich bedenk, dass dein Großvater hat ihm getragen sieben Jahre ... und dass ich ihm hab' getragen vier Jahre ... und er ist immer gewesen gut und schön ... Und du trägst ihm erst ein halb Jahr, und schon ist er schlecht ...«

⁂

Mnachem Silberschütz, der Hausierer, ist den ganzen Tag durch die Dörfer gezogen mit seinem Warenkasten auf dem Rücken. Er ist ein schwächliches

307

Männchen und deshalb ordentlich müde, als er sich gegen Abend entschließen muss, den Heimweg anzutreten. Zu seiner Freude begegnet er einem Bauer aus seinem Dorfe, und er bittet ihn, ihm den Kasten zu tragen. Natürlich gegen ein Trinkgeld. Aber der Bauer ist stolz und will für den kleinen Juden keine Last schleppen und von dem armen Juden kein Trinkgeld, denn er hat mehr Geld in der Tasche als Silberschütz in seinem ganzen Vermögen.

Wie die beiden nun ganz einträchtig auf der Landstraße dahingehen und die Last auf Mnachems Rücken immer schwerer wird, fängt der Hausierer an, dem Bauer sein Leid zu klagen: wie es ihm schlecht gehe und dass er Geld brauche, und fügt daran die Frage, ob der Bauer ihm nicht – gegen Zinsen – ein paar Gulden borgen könne? Als Pfand würde er – Mnachem Silberschütz – seinen Kasten geben, der doch voll schöner Waren sei.

Von dem armen Juden ein Trinkgeld annehmen, das wollte der Bauer nicht, aber ein Geschäft mit ihm machen, warum nicht? Das Pfand gefällt ihm auch, und so gibt er dem Hausierer fünf Gulden und nimmt dafür den Kasten, den er sich vergnügt umhängt. Es ist eine sichere Sache, und der Zinssatz – fünf Kreuzer für jeden Tag – ist auch nicht zu verachten.

Leicht und in bester Laune geht nun Mnachem Silberschütz neben seinem Gläubiger her und erzählt ihm tausend Schnurren. Als sie aber das Dorf

erreicht haben, zieht der kleine Hausierer das entlie-
hene Geld aus seiner Tasche, dazu fünf Kreuzer und
reicht beides dem Bauer hin:

»Fettko«, sagt er zu ihm, »ich hab' mir's überlegt …
Da haste zurück dein Geld … und da haste die Zinsen für ein ganzen Tag … Und nu gib mir mein Pfand
zurück …«

— ⚫ —

Fettko, der Bauer, wurde wegen des »Geschäfts« mit
Mnachem Silberschütz nicht wenig verspottet, und
er nahm sich vor, es dem kleinen Juden gehörig
heimzuzahlen. Als der Hausierer kurze Zeit darauf –
es war im Winter – an seinem Gehöft vorbeiging, rief
er ihn heran, um ihn mit seinem großen Hunde, der
in der Tür der Hütte lag, zu ängstigen. Denn, wie
der Bauer wusste, fürchtete sich Mnachem Silberschütz vor nichts anderem mehr als vor Hunden.

Mnachem tritt an den Zaun heran und sieht vorsichtig in den Hof.

»Dort liegt doch dein Hund, Fettko«, sagt er.
»Bind ihn an!«

»Das ist doch kein Hund«, meint der Bauer
freundlich. »Das ist mein Pelz.«

»Seit wann hat ein Pelz Ohren?«, fragt Silberschütz.

»Das sind doch keine Ohren, das sind die Zipfel
vom Kragen …«

»Schön … seit wann hat ein Pelz Füß', Fettko?«

»Das sind doch keine Füße, Mnachem, das sind die Ärmel …«

»Gut … seit wann hat ein Pelz Zähne, Fettko?«

»Das sind doch keine Zähne, das sind die Schnüre.«

In diesem Augenblick springt der Hund auf und kommt mit wütendem Bellen auf den Zaun zu.

Silberschütz wendet sich zur Flucht, ruft aber noch zurück:

»Fettko, Fettko … seit wann bellt ein Pelz?«

Es wird davon gesprochen, dass ein Berliner Lebemann, der von seinem Vater, einem durch Wucher reich gewordenen Manne, ein großes Vermögen geerbt hatte, nicht nur alles durchgebracht, sondern auch Schulden auf Schulden kontrahiert habe und nun schwere Wucherzinsen zahlen müsse.

»Wenn das sein Vater erfährt«, äußert jemand, »so wird er sich umdrehen in seinem Grab.«

»Spaß«, wendet ein anderer ein, »der Vater war doch selbst so ein Wucherer … Warum sollte er sich da groß ärgern?«

»Warum? … Nu, weil er nicht selbst hat machen können das Geschäft.«

Zu dem geizigen Teitelbaum kommt ein armer Verwandter und bittet ihn um fünf Mark.

»Fünf Mark?«, schreit Teitelbaum entrüstet. »Fünf Mark ... Im Vermögen möcht' ich haben, was du wirst weniger nehmen ...«

»Was schreiste, Jossel?«, redet man einem kranken, alten Manne zu. »Was schreiste, was jammerste? Einmal müssen doch alle sterben!«

»Darum schrei ich doch«, ruft der Kranke. »Wenn man könnt sterben zweimal, möcht' ich ganz still sein ...«

»Leugnen Sie nicht, Schreier«, sagt der Richter zu dem Angeklagten. »Es hat keinen Zweck; es sind zwei Zeugen da, die beschwören können, dass Sie das Portemonnaie gestohlen haben ...«

»Wie heißt zwei Zeugen?«, ruft Schreier. »Ich kann Ihnen bringen zweitausend Zeugen, die nischt gesehn haben!«

Wie Jeremje Finkelkraut in Stanislau ein Räuber werden wollte, das erzählt die folgende Geschichte*:

Jeremje Finkelkraut ging es von Tag zu Tage schlechter. Er war ein guter Mann, ein frommer Mann, aber er hatte seit Wochen nichts verdient und hungerte mit seiner Familie. Da wollte er sich auf die Landstraße legen und Räuber sein. Als Waffe nahm er ein Messer mit. So, mit allem versehen, was nach seiner Meinung ein Räuber haben musste, versteckte er sich im Straßengraben und erwartete sein Opfer.

Da hört er Schritte. Er springt auf und stürzt sich mit gezücktem Messer auf den Mann. In demselben Moment fällt sein Blick auf das Mordinstrument und er lässt es bestürzt fallen.

»Spaß, Mensch«, ruft er dem zitternden Wanderer zu. »Hast du Glück! Hab' ich gerad' ein Milchding-Messer mitnehmen müssen!«

Am nächsten Tage zieht Finkelkraut wieder aus, um Menschen zu berauben, und auch am zweit-

---

* Zu ihrem Verständnis sei mitgeteilt: Der jüdische Ritus schreibt vor, dass die Gerätschaften, die mit Fleisch in Berührung kommen (Fleischding) von denen, die man für Milch, Butter usw. (Milchding) verwendet, streng abgesondert werden müssen; niemals darf man daher ein Gerät, das »Milchding« ist, für ein »Fleischding« gebrauchen, da sonst beide »treife«, d. h. unrein, für den Genuss unbrauchbar werden.

312

und drittnächsten. Jedes Mal aber kommt er mit leeren Händen nach Hause. Sein Weib macht ihm deshalb Vorwürfe.

Jeremje rechtfertigt sich:

»Heißt ein Geschäft, das Räubergeschäft! Wann kommen denn die Leut', die man könnt berauben? In der Früh' kommen sie. – Und da muss ich doch verrichten mein Morgengebet … Und wann kommen sie wieder? Am Abend kommen sie … Da muss ich verrichten mein Abendgebet …Wann soll da ein armer Jud' räubern?«

———

Durch ein jüdisches Städtchen marschiert ein Regiment Infanterie, dessen Oberst den Bürgermeister Mendele Singer zu sich kommen lässt, um ihn nach Weg und Steg in den meilenlangen, den Ort umgebenden Waldungen zu fragen.

Als die Truppe sich wieder in Bewegung gesetzt hat, läuft Mendele Singer ihr nach und ruft: »Herr Oberst! Herr Oberst! Wartense noch ein bissel!«

»Was gibts?«, fragt der Offizier.

»Herr Oberst«, erwidert Mendele Singer atemlos, »in dem Wald lebt ein Räuber … Soll ich Ihnen mitgeben unser Polizeimann?«

———

Michael Zitronsaft aus Klaboschin gerät bei seiner Anwesenheit in Berlin in ein vornehmes Café und in eine Poker spielende Gesellschaft.

Als einer der Herren »vier Könige« ansagt und die Einsätze einziehen will, sagt Zitronsaft:

»Vier Könige? Bitte zeigen!«

Der gewinnende Mitspieler ist über dieses Misstrauen empört und ruft:

»Was fällt Ihnen ein? Wen glauben Sie vor sich zu haben? Zum Donnerwetter, hier haben Sie einfach zu glauben, was man sagt! Das ist Usance bei uns!«

Zitronsaft entschuldigt sich und spielt weiter. Als er zu seiner Frau nach Hause kommt, erzählt er ihr, dass er 600 Mark gewonnen habe.

»Sechshundert Mark?«, schreit sie entzückt. »Wie haste das fertig gebracht, Michael?«

»Kunststück!«, erwidert er. »Bei die Usancen …«

———

»Moses, wann haltste deine Mittagsruh?«, wird der Jiddisch-Lehrer einer kleinen ungarischen Gemeinde von einem Freunde gefragt.

»Nach dem Essen«, erwidert Moses, »legt sie sich auf eine Stund' schlafen …«

»Wer … sie?«

»Wer? … Mein Weib.«

»Ich frag' doch, wann du haltst deine Ruh …«

»Nu … wenn sie schlaft, hab' ich meine Ruh.«

Von den Schnorrern

Ein verkommener, polnischer Wanderrabbi betritt das Kontor eines reichen Bankiers in Frankfurt, der als sehr geizig gilt, und trägt seine Bitte vor.

Der Bankier lässt ihn ausreden und sagt dann ruhig:

»Ich geb' nichts! Wer hat Euch denn zu mir geschickt? Man weiß doch, dass ich nichts gebe!«

Der Schnorrer wendet sich darauf zur Tür und geht weg. Dem reichen Manne fällt das auf, denn er ist nicht gewohnt, dass polnische Bettler sich so ohne Weiteres abweisen lassen, und ruft den Mann zurück.

»Ich versteh' nicht«, sagt er. »Ihr wisst, ich bin ein schwerreicher Mann und Ihr geht weg, ohne dass ich Euch Geld gegeben hab'? ... Das versteh' ich nicht ... Macht nicht mal den Versuch, etwas aus mir rauszukriegen? Wer hat Euch zu mir geschickt?«

Darauf der Schnorrer:

»Ich will Euch sagen ... Es hat mich geschickt zu Euch der Dalles (die Armut), ... schmeißt Ihr mich raus, soll er selbst zu Euch kommen ...«

Ein alter Schnorrer wird nach dem Gottesdienst am Freitagabend von einem Mitgliede der Gemeinde für den morgigen Sabbat zum Mittagessen eingeladen.

Er erscheint auch pünktlich, bringt aber einen jüngeren Mann mit.

»Was soll das?«, fragt ihn der Hausherr. »Ich hab' doch nur Euch allein gebeten … Wen bringt Ihr da mit?«

»Das ist mein Schwiegersohn«, sagt der Schnorrer ruhig.

»Was geht das mich an?«, ruft der Hausherr.

»Nu«, meint der Alte lächelnd, »der esst doch jeden Sabbat bei mir …«

***

Ein armer, alter Mann, der eine zahlreiche Familie zu ernähren hat, wird vom Gemeindevorsteher für den Sabbat zu Tisch geladen. Als zwei Gänse aufgetragen werden, will der Hausherr seinen Gast ehren; er fordert ihn auf, den einen Braten anzuschneiden.

Der Alte betrachtet das schön gebräunte Tier mit liebevollen Blicken, sieht dann seinen Gastgeber lächelnd an und fragt:

»Herr Süßkind, ist es Ihnen gleich, wo ich die Gans anschneid'?«

»Ganz gleich, lieber Pereles«, antwortet der Vorsteher freundlich.

»Nu«, schmunzelt Pereles und stellt die Schüssel fort, »wenn es ist Ihnen gleich, wo ich die Gans anschneid', werd' ich sie bei mir zu Haus anschneiden ...«

***

Ein gefräßiger Schnorrer hat eben eine saure Gurke gegessen und macht sich nun über einen Topf Milch her, der auf dem Tisch seines Wirtes steht.

»Halt«, ruft der, »um Gottes willen, trinkt doch nich Millich nach der Gurk!«

»Warum nicht?«, fragt der Schnorrer erschreckt.

»Weil sich macht daraus Käs' im Magen. Das ist nich gesund!«

»Wieso nicht gesund?«, meint der Schnorrer gleichmütig, »Käs' ess' ich doch auch ...«

***

Ein polnischer Schnorrer war bei einem reichen Glaubensgenossen in Frankfurt a. M. gewesen und hatte diesem so lange über seine Armut und sein Elend vorgejammert, bis er mit einer größeren Geldspende entlassen wurde.

Eine Stunde später geht der Wohltäter an einem besseren Restaurant vorüber, an dessen Fenster derselbe Schnorrer sitzt. Vor ihm steht ein Teller mit rosigem Lachs, von dem er mit schmatzendem Behagen isst. Er ist so vertieft darin, dass er den reichen Mann nicht bemerkt, der empört auf ihn zugetreten ist.

»Was?«, schreit der ihn an. »Bei mir bettelt Ihr, weil Ihr nichts zu essen habt, und jetzt sitzt Ihr da und esst teuern Lachs?!«

»Nu«, erwidert der Schnorrer, »wenn ich kein Geld hab', kann ich kein Lachs essen … wenn ich hab' Geld, darf ich kein Lachs essen … Wann soll ich da Lachs essen?«

***

Peeritz, der alte Schnorrer, ist am Sabbat Tischgast bei Bandmacher, dessen Frau ihn gar nicht respektvoll behandelt.

Zum Schlusse der Mahlzeit wird eine Mehlspeise aufgetragen, von der natürlich auch Peeritz eine Portion erhält. Nachdem er ein weniges von dem ihm mürrisch hingereichten Teller gegessen, sagt er:

»Hausfrau, ich muss Euch sagen, das Sauerkraut da ist zu süß …«

»Schalksnarr!«, schilt die Frau zornig. »Das ist doch kein Sauerkraut …«

»Was denn ist das?«, fragt Peeritz unschuldig.

»Das sind doch Nudeln … Nudeln mit Zucker … Zuckernudeln …«

man ihnen von einer Hochzeitstafel gespendet hat, und hauen tapfer ein, Jumin unter beständigem Reden, Peeritz in weihevollem Schweigen.

Plötzlich hebt der Blinde die Hand und lässt sie auf Peeritz' Wange niedersausen.

»Reb Jumin!«, schreit der junge Schnorrer. »Was patscht Ihr mich?«

»Warum soll ich dich haben gepatscht?«, sagt Jumin.

»Nu … warum?«

»Darum, du Schalk … Ich red' in ein fort und ess' sehr viel …, wie viel musst du erst essen, da du nicht sagst ein Wort …«

»E so!«, meint Peeritz. »Nu, für Zuckernudeln ist es genug sauer ...«

──◆──

Peeritz, der jedes Vierteljahr nach Drillichau kommt, hat dort Herrn Joachim Manasse Glücklicher, der im Rufe steht, recht geizig zu sein, einen Streich gespielt. Er hat nämlich nicht nur ihn, sondern auch seine Frau und seinen Sohn angeschnorrt, demnach das Dreifache dessen bekommen, was er sonst erhält.

Als Glücklicher am Tabaksladen vorübergeht, sieht er Peeritz darin. Er stellt sich an die Tür und ruft hinein:

»Komm du nur raus, Peeritz, komm du nur raus! Dann will ich dir ein Patsch (Ohrfeige) geben, dass du wirst genug haben!«

Und Peeritz lachend:

»Und wenn Ihr mir fünf Pätsch' bietet, ich komm doch nicht ...«

──◆──

Peeritz zog eine Zeit lang mit einem blinden Schnorrer, dem alten Jumin, durchs Land. Schon damals war er mit einem gewaltigen Appetit gesegnet, wie nicht minder Jumin, sein Herr. Einmal sitzen sie beide vor der Schüssel mit gutem Essen, die